*Ekkehard Martens*

# Lob des Alters

*Ekkehard Martens*

# LOB DES ALTERS

## EIN PHILOSOPHISCHES LESEBUCH

ARTEMIS & WINKLER

Für Tini, meine andere Hälfte

Bibliografische Information der Deutschen Nationalbibliothek: Die Deutsche Nationalbibliothek verzeichnet diese Publikation in der Deutschen Nationalbibliografie; detaillierte bibliografische Daten sind im Internet über http://dnb.d-nb.de abrufbar.  Umschlaggestaltung: Gabriele Burde, Berlin. Druckerei Theiss, St. Stefan im Lavanttal, Austria. Printed in Austria.
ISBN 978-3-538-07319-7. www.artemisundwinkler.de

Inhalt

Wie mir der junge Mensch gefällt,
der schon etwas von der Reife des Alters an sich hat,
so muß ich auch einen alten Menschen loben,
wenn er noch etwas an jugendlicher Frische zeigt.
Wer dies zum Ziel hat,
der kann wohl körperlich altern, geistig nie.

CICERO, *Cato der Ältere über das Alter*

## Einleitung
## »Älter ist jünger als alt« – warum ein Lob des Alters notwendig ist

Fast jeder möchte alt werden und nicht frühzeitig sterben. Kaum jemand aber möchte alt sein oder »alt und gebrechlich«. Daher gibt auch kaum jemand gerne zu, dass er alt geworden ist. Höchstens gesteht man sich gelegentlich ein, allmählich älter zu werden, denn: »älter ist jünger als alt«. Auf die grammatikalische Paradoxie dieser Redewendung – »älter« ist die Steigerungsform von »alt«, hört sich aber an wie »jünger als alt« – macht die Schriftstellerin Silvia Bovenschen aufmerksam: »Das ist bekannt: eine ältere Frau ist jünger als eine alte Frau. Wie groß muss doch die Angst vor dem Alter sein, dass sie sogar die Grammatik vergewaltigt.«[1] Selbst wenn man sich aber bei »alt« nicht sofort »alt und gebrechlich«, sondern »alt und weise« vorstellt, bleibt ein Unbehagen übrig. Altersweisheit hat für viele etwas mit Betulichkeit und Resignation zu tun. Man möchte auch mit 60 Jahren, »auf dem Weg zum Greise«, wie Curd Jürgens in seinem Schlager von 1975 singt, »kein bisschen weise« sein.

Das Alter ist offensichtlich ein angstbesetztes, heikles Thema für den Einzelnen, genauso für eine alternde Gesellschaft mit immer mehr alten und immer weniger jungen Menschen. Man beschäftigt sich selten erwartungsfroh und gelassen damit. Wer es sich leisten kann und im Kreis seiner Familie oder Freunde aufgehoben ist, kann zwar dank des medizinischen Fortschritts im Alter angenehm oder glücklich leben. Jedoch ändert diese Aussicht kaum etwas daran, dass man nicht nur älter, sondern tatsächlich alt und gebrechlich wird. Spätestens dann fällt man den anderen zur Last und möchte vielleicht nicht einmal selber länger leben. Man fragt sich etwa: »Wozu bin ich nützlich? Was kann ich jetzt noch erwarten? Was habe ich aus meinem Leben gemacht? Soll das alles gewesen sein, was es zu bieten hatte?« Manche fragen sich auch, ob es vielleicht wenigstens nach dem Tod ein besseres Leben gibt.

Ist bei aller Klage über das Unglück des Alters ebenfalls ein Lob vom Glück des Alters angebracht, ja sogar notwendig? Warum sollte man nicht nur die glückliche Kindheit oder Jugend und das reife Erwachsenenalter, sondern auch die späten Jahre loben? Die Erzählung *Zwei alte Frauen*, die in einem Nomadenstamm im hohen Norden Alaskas von Generation zu Generation mündlich überliefert wurde, gibt Antworten auf diese Frage.[2] Die Erzählerin, Velma Wallis, hat sie von ihrer Mutter gehört. Um in einem bitterkalten Winter während einer bedrohlichen Hungersnot das Leben des ganzen Stammes zu retten, beschloss der Häuptling schweren Herzens, nach alter, harter Stammessitte zwei alte Frauen, die vorher jahrelang mitversorgt wurden, als überflüssige Esser in der Wildnis auszusetzen,

»nicht besser als Wölfe […], die ihre Alten und Kranken im Stich zu lassen pflegen«[3]. Niemand wagte es, dem Druck der übrigen Stammesmitglieder entgegenzutreten. Selbst aus der Familie versorgte sie nur der Enkel mit den nötigsten Vorräten und Werkzeugen. Allein in der Kälte zurückgelassen, waren die alten Frauen so gut wie sicher dem Tod ausgeliefert, zumal beide recht gebrechlich zu sein schienen. Ständig hatten sie über Beschwerden geklagt, »über Wehwehchen hier und Zipperlein da«[4]. Trotz der schlimmen Lage machten sie einander Mut: »Ja, auf ihre Weise haben sie uns zum Tode verurteilt! Sie glauben, wir seien zu alt und nutzlos. Sie vergessen, dass auch wir ein Recht haben zu leben! Und deshalb, meine Freundin, sage ich, wenn wir denn sterben müssen, so lass uns handelnd sterben und nicht im Sitzen.«[5] Beide unternahmen alles, was in ihren Kräften stand, um überleben zu können. Sie sammelten die zurückgelassenen Stückchen Feuerglut, bauten Kaninchenfallen, erlegten Eichhörnchen mit einem Beil, suchten Holz für das Feuer, fertigten Schneeschuhe und einen Zugschlitten an, kämpften gegen ihre Schmerzen, halfen einander – und brauchten selbst ihre »Gehstöcke« nicht mehr. Die beiden Frauen besannen sich auf ihre alten, längst vergessenen Fähigkeiten und siegten schließlich im »Kampf ums Überleben«[6].

Der Häuptling hatte unterdessen seine Tat längst bereut und ließ nach den Frauen suchen. Als sie endlich gefunden wurden, stellte sich heraus, dass es ihnen besser ergangen war als dem übrigen Volk. Sie gaben nach einigem Zögern denen, die sie zurückgelassen hatten, sogar von ihren Vorräten ab, und »die Menschen begriffen nun, dass die zwei Frauen, so lange, wie sie schon lebten, gewiss mehr Dinge wussten, als das Volk für möglich gehalten hatte«[7]. Die Wiedergefundenen überwanden allmählich ihre Verbitterung und ihr Misstrauen gegenüber ihrem Stamm, und dieser sah nach und nach ein, dass er sie hartherzig behandelt hatte: »Nachdem nun alle wieder miteinander vereint waren, verlieh der Häuptling den beiden Frauen Ehrenpositionen in der Gruppe. Anfangs wollte jeder den beiden Frauen helfen, wo er nur konnte, doch den beiden Frauen war an so viel Beistand gar nicht gelegen, denn sie genossen ihre neugewonnene Unabhängigkeit. Und so erwies das Volk ihnen seine Ehrerbietung, indem es auf das hörte, was sie zu sagen hatten.«[8] Vor allem wurde nie wieder ein alter Mensch im Stich gelassen. Und jede der beiden starb, wie die Erzählung endet, im Kreise ihrer Familie und des Stammes »als wahrhaft glückliche alte Frau«.[9]

Worin besteht nun das Lob des Alters in der Erzählung? Und ist es berechtigt? Die Geschichte wurde offensichtlich deswegen im Stamm von Generation zu Generation weitergegeben, weil sie zeigt, wozu auch oder gerade alte Menschen fähig sind. Den Alten macht sie Mut, und den Jungen flößt sie Respekt ein. Die Frauen bewiesen in einer extremen Notsituation, welche Fähigkeiten und Kräfte entgegen allen Erwartungen in ihnen steckten. Sie kannten und beherrschten aus langer Lebenserfahrung Überlebensstrategien, über die Jüngere nicht verfügten – und deswegen fast zugrunde gingen. Außerdem zeigten sie einen ungewöhnlichen Mut und beharrten auf ihrem Recht zu leben, indem sie gegen ihre eigene Mutlosigkeit kämpften und ihre Selbstachtung wiedergewannen. Sie konnten für sich selber sorgen, und am Ende brauchten sie, wie sie erstaunt feststellten, nicht einmal die Gehstöcke mehr. Schließlich erlangten sie die Achtung ihres Stammes zurück und konnten ein glückliches Leben führen. Dies alles mögen Fähigkeiten sein, die auch Jüngeren zukommen, dem Alter aber scheinen sie, so die Botschaft der Erzählung, durch Erfahrung im besonderen Maße zu eigen zu sein.

Allerdings lässt sich die Lebens- und Überlebenssituation eines Nomadenstammes nicht ohne Weiteres auf moderne Industriegesellschaften übertragen. Wir leben in einer durch Wissen und Technik geprägten Gesellschaft. Hier kommt es nicht auf ein tradiertes Können von Jägern und Sammlern an, sondern auf hoch spezialisierte, rasch veraltende Fähigkeiten. Dennoch ist die Erzählung in einer bestimmten Hinsicht durchaus ins Heute übertragbar. In ihr wird – neben einer bewundernswerten Überlebenstüchtigkeit – eine besondere Altersweisheit der beiden Frauen sichtbar. Die Erzählung zeigt, wie die Fähigkeiten alter Menschen nicht nur im »Kampf ums Überleben«, sondern auch im Bemühen um ein gutes Leben in ungeahnter Weise wachsen können. Dass beides zusammengehört, wird erst nach und nach deutlich, zuerst den alten Frauen als vermeintlich Schwachen, und schließlich auch den scheinbar Starken des Stammes. Besonders in Not- und Grenzsituationen, in denen eingespielte Lebensmuster auf die Probe gestellt werden, kommt die Frage auf, ob der »Kampf ums Überleben« allein von egoistischen Motiven nach Art von Wölfen bestimmt ist – oder auch von Mitleid, Gerechtigkeit und Respekt. Damit verbunden ist die Frage, wer wir sind oder sein wollen – wölfische oder menschliche Menschen? Möglicherweise stellen sich derartige Grundfragen des Daseins besonders deutlich im Alter, wenn man genügend Muße dafür hat. Sie sind aber bereits von Kindheit oder Jugend an wichtig, als eigener Lebensentwurf oder im Umgang mit der älteren Generation. Ein Lob des Alters ist daher notwendig, um bewusster und besser leben zu können.

Wie in der Erzählung vom Nomadenstamm stehen vermutlich auch in modernen Gesellschaften die pragmatischen Vorurteile gegenüber dem Alter noch vor allen existenziellen Fragen im Vordergrund. Von der Antike bis heute hat sich jedoch ein gesellschaftlicher und historischer Wandel des Bildes vom Alter vollzogen. Dies lässt sich an einem Beispiel demonstrieren. Bei den Römern war der *senex* der »würdige Greis«, der mit seiner Altersweisheit den Jüngeren als Vorbild und mit seiner Erfahrung der Politik als Autorität diente, selbst wenn er gelegentlich in der Komödie als unbrauchbarer Trottel verspottet wurde. In unserem Sprachgebrauch und Alltagsbewusstsein dagegen ist aus dem »senex«, so wörtlich auf das Lateinische zurückgehend, der »senile« Alte geworden. Mit der Abwertung des Alters geht in vielen anderen Redensweisen, vor allem in der Werbesprache, der Versuch Hand in Hand, das Alter schönzureden. Das zeigen sprachliche Neuschöpfungen wie »die jungen Alten«, »Seniorenresidenz«, »best agers«, »Generation 50 plus« oder »Anti-Aging«. Es ist nicht mehr vom »rüstigen Alter« die Rede, sondern davon, dass ältere Menschen »fit« sein sollten. Die Werbesprache hat längst die zunehmende Kaufkraft der älteren oder alten Menschen im Visier. Pflegedienste, Seniorenheime, Seniorenunterhaltung, -sport, -kosmetik und -mode sind ein lohnendes Geschäft. Nicht nur in der Wirtschaft, auch in der Politik hat das Thema Alter Konjunktur. Bedingt durch die Erfolge der Medizin, aber auch durch die verbesserten Lebensbedingungen in den Industriestaaten, verschiebt sich die Altersgrenze weiter nach vorne, zugleich rücken immer weniger Junge nach. Die Folge ist – außer den Ängsten der Älteren um eine ausreichende Pflege und Versorgung – die Angst der Jüngeren vor dem steigenden »Rentnerberg« und um die eigene Alterssicherung. Der Anstieg der Lebenserwartung und der Rückgang der Geburtenrate gehen in einer Scherenbewegung immer weiter auseinander: »Zu Beginn des 20. Jahrhunderts betrug die Lebenserwartung der Frauen in Deutschland bei der Geburt 48 und die der Männer 45 Jahre. Heute[10] liegt sie bei 82 und 77 Jahren. [...] Um 1900 hatten 60-Jährige im Durchschnitt noch 13–14 Jahre zu leben, heute stehen ihnen dagegen noch rund 23 weitere Jahre zur Verfügung.«[11] Die frühere Alterspyramide mit einer breiten Basis von Jüngeren und einer Spitze von Älteren und Alten kippt zunehmend um: »1900 waren 44 Prozent der Deutschen 20 Jahre und jünger, 48 Prozent gehörten den Altersklassen 20–60 an, nur 8 Prozent waren 60 Jahre und älter. Im Jahre 2006 betrugen die entsprechenden Anteile 20, 55 und 25 Prozent. Im Jahre 2050, so schätzt man, werden nur 15 Prozent der Bevölkerung 20 Jahre und jünger sein, weniger als die Hälfte den Altersklassen von 20–60 Jahren angehören, dagegen knapp 40 Prozent 60 Jahre und älter sein.«[12] Das Phänomen ist global verbreitet und menschheitsgeschichtlich neu, ebenso die Befürchtung, dass mit der alternden Gesellschaft ein Verlust an Produktivität und Innovationskraft sowie eine Überlastung der jungen Generation durch Renten- und Gesundheitskosten einhergeht.

Infolge der demographischen Entwicklung wachsen nicht nur die ökonomischen und sozialen Probleme. Auch für den Einzelnen ergibt sich ein zunehmender Druck, mit den Starken mithalten zu können und den anderen nicht zur Last zu fallen. Der bisher ungeschrieben geltende Generationenvertrag, dass die Eltern für ihre Kinder sorgen, die Kinder sich später um ihre alt gewordenen Eltern kümmern und durch die Geburt von Kindern erneut die wechselseitige Versorgung sichern, droht seine einstige Grundlage zu verlieren. Die Familienabfolge Eltern-Kind-Eltern ist häufig unterbrochen, und die Versorgungsleistungen werden auf anonyme Pflegeinstanzen und Rentensysteme übertragen. An die Stelle solidarischer Verantwortung tritt die egoistische Sorge in einer tendenziellen globalen Wolfsgesellschaft, die vom »Kampf ums Überleben« gezeichnet ist.

Nicht nur die Versorgung im Alter, sondern auch der Respekt vor dem Alter ist gefährdet. Ältere Menschen kommen sich selber und den anderen immer mehr als

Bürde vor, und häufig werden sie auch so behandelt. Das Selbst- und Fremdbild schwankt zwischen Anerkennung und Missachtung. Der Abwertung von außen kann man sich als älterer Mensch auf verschiedene Weisen entziehen. Die einen flüchten, wie im sonnigen Kalifornien, in streng abgeschirmte und bewachte Altersresidenzen oder bleiben zumindest im Senioren-Urlaub unter sich. Andere nehmen Angebote ihrer ehemaligen Betriebe an, die auf die Dienste älterer, erfahrener Mitarbeiter zurückgreifen – zumindest um momentane Beschäftigungslücken zu schließen. Die nächsten können in Krisensituationen ihren politischen und ökonomischen Rat erteilen. Im persönlichen Bereich werden Großeltern wegen ihrer praktischen Hilfe geschätzt und besonders von den Enkeln als Eltern auf Zeit geliebt. Die älteren Menschen haben zunehmend mehr Lebensfreude an ihren gewonnenen Jahren – »Grau ist bunt«[13], wie Henning Scherfs Buch betitelt ist. Zumindest die jungen Alten zwischen 60 und 80 Jahren sind vielfach voller Selbstbewusstsein, wie es im Untertitel »Was im Alter möglich ist« zum Ausdruck kommt.

Die zweifellos erfreulichen Möglichkeiten ändern allerdings kaum etwas an der Lage vieler alter und vor allem sehr alter Menschen. Welche Verpflichtung haben die Familie und die Gesellschaft gegenüber diesen »nutzlosen Essern«? Wie fühlt man sich selbst im Alter, das eben doch an Farbe verliert und grauer wird, wenn die Kräfte nachlassen und man sich immer weniger auf die liebevolle Fürsorge anderer verlassen kann? Die beiden alten Frauen der Erzählung konnten »wahrhaft glücklich« sterben. Wie weit ist dies für den Einzelnen in unserer Gesellschaft möglich? Was bedeutet heute ein glückliches, gutes Leben, und zwar nicht nur im Alter? Ein Lob des Alters, das sich allein auf seinen verbleibenden Nutzen und sein verbleibendes Vergnügen stützt, reicht spätestens dann nicht mehr aus, wenn beides in dieser Lebensphase kaum mehr vorhanden ist. In einer solchen Situation steht die Gesellschaft nicht anders als der Einzelne vor der Alternative, entweder gegenüber Alten, Schwachen und anderen Randgruppen zum »Wolf« zu werden oder sich als menschlich zu erweisen. Menschliche Hilfe und Achtung vor dem Lebensrecht jedes Einzelnen, egal ob er für andere nützlich ist oder nicht, versteht sich allerdings nicht von selbst. Viele folgen Hobbes' Maxime »Der Mensch ist für den Menschen ein Wolf«. Weder ist eine Begründung für Menschlichkeit durch religiöse Pflichten gegenüber den »Mitgeschöpfen Gottes« für alle akzeptabel noch kann die abstrakte Berufung auf eine allgemeine Menschenwürde, wie es Kant versuchte, wirklich motivieren. Hinzukommen müssen vielmehr Mitleid oder Empathie, noch besser die konkrete Liebe und Fürsorge des Einzelnen. Ein humanes Verhalten erfolgt nicht automatisch, ist aber zumindest, wie neuere biologische Forschungen belegen, grundsätzlich in der menschlichen Natur angelegt.[14] Als Menschen sind wir nicht, wie der Sozialdarwinismus behauptet, rein egoistische, sondern auch kooperative Wesen, zumindest unserer Anlage nach. Umwelt und Erziehung müssen und können aber die kooperativen Züge gegenüber den »wölfischen« stärken.

Aber selbst bei einem einigermaßen humanen Leben im Alter sind für den Einzelnen noch lange nicht alle Fragen beantwortet. Wenn der Partner schwer krank wird oder stirbt, wenn man vereinsamt und pflegebedürftig ist oder seinen nahen Tod vor Augen sieht, spürt man die Last des Alters unausweichlich. Die Empfehlung anderer, sich in Gottes Willen zu fügen oder gelassen sein Schicksal anzunehmen, empfindet man häufig als wirkungslosen Trost oder hilflose Predigt. Oft hadert man in Grenzsituationen mit seinem Leben, fragt verzweifelt nach dessen Sinn und hofft als letzten Ausweg vielleicht auf ein besseres Jenseits. Auch der Druck von außen, seinem Leben selber ein Ende zu setzen, wächst; manchmal wird der Suizid sogar als eigene Pflicht gegenüber den Jüngeren angesehen. In einer armen Gebirgsregion im früheren Japan wird zum Beispiel von der Sitte berichtet, die Alten zum Sterben auf einen »heiligen Berg« zu bringen.[15] Manche Alte sehen den Tod als ihre Pflicht an, andere versuchen, ihm zu entkommen. So schlägt sich O Rin zwei Zähne aus, um alt und gebrechlich zu erscheinen, und zwingt ihren widerstrebenden Sohn, sie endlich auf den Berg zu bringen. Matayan dagegen flieht und wird schließlich von seinem Sohn in eine Schlucht hinuntergestürzt, den Raben zum sicheren Fraß. Beide Söhne fühlen sich äußerst unwohl damit, was sie getan haben. Die harten Überlebensbedingungen der Zeit diktierten jedoch eine grausame Moral im wechselseitigen Umgang von Jung und Alt. Zumindest stellen sie Mitleid und Liebe auf eine harte Probe. In einer solchen Situation ist beides möglich: die selbstlose Hingabe

O Rins und liebevolle Fürsorge ihres Sohnes einerseits, und die widerständige Haltung Mata-yans und unbarmherzige Regelbefolgung des Sohnes andererseits.

Ähnlich radikal wie im alten Japan sieht Frank Schirrmacher in seinem Bestseller *Das Methusalem-Komplott* (2006) den Überlebenskonflikt der Generationen in modernen Gesellschaften.[16] Die Jungen scheinen es geradezu als ihr Recht anzusehen, die Generation der »Methusaleme« an den Rand zu drängen oder sie sogar zu töten, wie Schirrmacher in einem düsteren Szenario ausmalt. Allerdings hält er derartige unmenschliche Konsequenzen unter den relativ komfortablen Überlebensbedingungen der gegenwärtigen Industriegesellschaften durchaus für vermeidbar. Daher ruft er bereits die Mittvierziger auf, einer seiner Meinung nach vorhandenen Tendenz zu einem »Altersrassismus« durch eigenes Handeln entgegenzutreten und die Möglichkeiten der ökonomischen und medizinischen Vorsorge zu nutzen, um sich fit zu halten. Vor allem aber solle man rechtzeitig seine geistige Fitness stärken. Um die Selbstachtung im Alter und die Achtung der Jüngeren zu erhalten oder zurückzugewinnen, empfiehlt Schirrmacher darüber hinaus ein philosophisches Nachdenken über »die letzten Fragen«: »Woher kommen wir? Wohin gehen wir? Und warum? Nachdenken über den Sinn des Lebens ist mit 25 ein geistiger Luxus. Für eine Gesellschaft, deren Mehrheit über 50 Jahre alt ist und die deshalb nur noch eine subjektive Lebensperspektive von 30 Jahren hat, wird aus dem Luxusgut ein Grundnahrungsmittel. Denn für viele dieser vielen wird ihr verbleibendes Leben tief gefärbt sein von menschlichen Urängsten und Urerfahrungen wie Schmerz, Krankheit, Einsamkeit, Hinfälligkeit, Demenz und Tod.«[17]

Schirrmacher sieht es in seinem provokativen Buch nicht als seine Aufgabe an, den »letzten Fragen« näher nachzugehen. In der Tat aber ist das Philosophieren für die eigene Selbstbestimmung und das Zusammenleben der Generationen hilfreich und sogar notwendig, um den Anspruch aller auf ein menschenwürdiges Leben im Alter zu verteidigen und die Solidargemeinschaft gegen den Trend einer Wolfsgemeinschaft zu stärken. Gegenwärtig kann man durchaus eine breitenwirksame Wiederbelebung der antiken Philosophie als Lebenskunst, als *ars vivendi,* beobachten, sei es als Ersatz für den schwindenden Trost der Religion in einer säkularen Gesellschaft oder für die Wirkungslosigkeit psychologischer Therapie, sei es als deren Unterstützung und Fundierung.[18] Was also hat die Philosophie zum Alter zu sagen, wie kann sie zu seinem Lob beitragen und für die Gesellschaft und den Einzelnen hilfreich sein? Zugegeben, oft können ein Gebet zu Gott, eine psychologische Therapie, geliebte Menschen oder Alkohol und andere Drogen in Grenzsituationen wirkungsvoller helfen, erst recht materielle Unterstützung. Dennoch werden wir unsere Gedanken und unser Nachdenken über uns selbst nicht abschaffen. Insofern können wir gar nicht anders, als zu philosophieren.

Vor allem, wenn man nicht mehr von der Routine und den Sorgen des Alltags und des Berufsleben gefangen ist, kann man ein Leben in weitgehender Muße führen. Man darf endlich seine Gedanken frei schweifen lassen und sich mit etwas so scheinbar Nutzlosem wie Philosophie beschäftigen. Im Alter wagt man, befreit von pragmatischer Rücksichtnahme, radikale, das heißt »an die Wurzeln gehende« Gedanken, die seit alters Sache der Philosophie sind. In ihrem Buch *Die Radikalität des Alters* stellt die Psychoanalytikerin Margarete Mitscherlich als Lebensweisheit einer 93-jährigen Frau fest: »Und wenn es stimmen sollte, dass das Alter von Mann und Frau sich tatsächlich durch Radikalität auszeichnet, muss diese doch auch mit dem nahen Tod in Verbindung stehen. Soll noch möglichst viel in diesen letzten Abschnitt des Lebens gepackt werden, ehe wir uns dem schwarzen Loch nähern, der einzig sicheren bzw. unausweichlichen Zukunft, die dennoch unvorstellbar bleibt? Ist es deswegen leicht, furchtlos zu sein, wenn Schlimmeres als der nahe Tod nicht zu denken ist? [...] wenn nicht jetzt, wann sonst wollen wir die Welt verändern? Vielleicht um doch einen Hauch von Unsterblichkeit zu erreichen? Wer weiß? [...] Im Alter erlauben wir uns diese Bedürfnisse eher, wollen sie nicht ganz aufgeben, das lässt sich wohl als Radikalität des Alters beschreiben.«[19]

Ob man sein Leben eher beklagen oder loben sollte, kann natürlich jeder nur aus eigener Erfahrung heraus beurteilen. Dieses Lesebuch möchte jedoch entgegen einer weit verbreiteten Mutlosigkeit oder Missachtung, auch entgegen einem verklärenden Loblied und zu kurz greifenden Maßnahmen mit Hilfe philosophischer Überlegungen grundsätzlich für eine angemessene Einstellung und ein besseres Leben im Alter werben. Sein Ziel ist, statt des Unglücks das mögliche Glück des Alters hervorzuheben und einem weit verbreiteten Jugendwahn entgegenzutreten.

Die ausgewählten Textauszüge behandeln fünf Fragekreise, die sich besonders aus der Sicht des Alters stellen, aber auch das Leben insgesamt betreffen:

Das Buch setzt sich mit unserer *endlichen Lebenszeit* auseinander, bilanziert *Verlust und Gewinn* der einzelnen Lebensalter, beschäftigt sich mit der Tatsache des *Sterbens und des Todes*, geht der Frage nach dem *Lebenssinn und Lebensglück* nach und fragt als Fazit, *was zu tun ist*, vom Einzelnen und von der Politik.

Die einzelnen Textauszüge ergeben keine in sich abgeschlossene Altersphilosophie, sondern ermöglichen einen differenzierten Blick auf das komplexe und wandelbare Phänomen Alter. Was für den einen wichtig oder neu ist, mag für den anderen möglicherweise belanglos oder längst bekannt sein. Die Textauszüge sind durch zahlreiche Vorblicke und Rückgriffe miteinander verbunden und können auch einzeln für sich gelesen werden. Sie sind insbesondere nach ihrer Verständlichkeit und Lebensnähe ausgesucht. Die Originaltexte stehen immer voran, Quellenangaben finden sich im Anhang des Buches. Die Texte werden dann von kurzen Angaben zum Leben und Werk des Autors begleitet und in den größeren Zusammenhang des jeweiligen Werkes eingebettet. Vor allem werden die Gedanken der Texte in einem Kommentar kritisch geprüft, fortentwickelt und auf ihre Bedeutung für unsere Zeit befragt. Es kommen Philosophen zu Wort, ebenso Schriftsteller, deren Werk philosophischen Gehalt hat. Vor allem die antiken Schriften eines Platon, Epikur, Cicero, Seneca oder Epiktet sind heute noch in ihrer Elementarität lesenswert. Sie sind inhaltlich und sprachlich klar. Daher nehmen sie einen breiten Raum ein, müssen aber oft gegen eine verstaubte Tradition einer Jenseitsverherrlichung lebendig gemacht werden. Zusätzlich sind auch neuere, moderne Texte in dem Lesebuch enthalten. Natürlich kann nicht jeder Philosoph vertreten sein, der etwas über das Alter geschrieben hat (siehe zu Aristoteles, Bacon, Schopenhauer Seite 94 f.), und es kommt immer nur ein besonderer Aspekt zur Sprache und keineswegs alles, was der Autor sonst über das Alter zu sagen hat. Texte des östlichen Denkens fehlen sogar völlig, etwa von Konfuzius, da sie das Alter hauptsächlich als fraglose Autorität für die Jüngeren behandeln. Der Band ist somit keine bloße Sammlung oder historische Perlenkette von Klassikern und Autoritäten, er ist auch kein akademisches Arbeitsbuch. Vielmehr ist er ein Lesebuch für alle, die persönlich oder beruflich mit ihrem eigenen Alter oder mit dem Alter anderer zu tun haben und sich darüber philosophische Gedanken machen.

Vielleicht hat der Einzelne nach der Lektüre des Buches nichts wesentlich Neues gelernt, aber wenigstens besser verstanden, was er vorher schon wusste: alt ist nicht zwangsläufig gebrechlich, und auch dies wäre nicht notwendig ein Unglück. Sicher ist nur eines: wir werden alle älter und sterben – nicht alle aber werden alt und gebrechlich. In diesem Sinne ist älter tatsächlich jünger als alt (und gebrechlich). Versteht man außerdem mit dem Psychologen Erik Erikson das reife Erwachsensein und das Alter als »Integrität« im Sinne von Weisheit, ist alt werden durchaus erstrebenswert. Unter Integrität und Weisheit versteht Erikson »die Annahme seines einen und einzigen Lebenszyklus und der Menschen, die in ihm notwendig da sein mussten und durch keine anderen ersetzt werden können [...] und die Würde seiner eigenen Lebensform gegen alle physischen und wirtschaftlichen Bedrohungen zu verteidigen«[20]. Die Verzweiflung über ein ungelebtes Leben, so berichtet Erikson aus seiner klinischen Erfahrung, versteckt sich oft »hinter einer Kulisse von Ekel, Lebensüberdruss oder einer chronischen Verächtlichmachung bestimmter Institutionen oder bestimmter Leute«[21]. Neben den sprichwörtlich trotteligen Alten, so kann man hinzufügen, gibt es auch die griesgrämigen, verbitterten Alten – so wie es auch junge Menschen gibt, die schlecht gelaunt und unzufrieden sind.

Vielleicht kann man zum Schluss aller ernsten Überlegungen auch über den Basketballspieler und Weltstar Dirk Nowitzki schmunzeln, der in einem Interview sagt:

»Energie zu sparen wird in Zukunft immer wichtiger für mich. Ich bin schließlich 32 geworden dieses Jahr. Ein alter Mann eben.«

Stern: »Na, jetzt kokettieren Sie aber.«

Dirk Nowitzki: »Es ist verrückt, wie schnell das ging: Jahrelang galt ich in den USA als das ›German Wunderkind‹, als das Talent, als Mann der Zukunft. Und jetzt bin ich einer der Ältesten im Team und muss mir Sprüche von den Jüngeren anhören. Es gab keine Phase des Übergangs vom Junior zum Senior – jedenfalls habe ich das so empfunden. Auf einmal tun dir morgens beim Aufstehen die Knochen weh, du kommst schlechter raus aus dem Bett, und dann weißt du: Aha, ab jetzt geht die Fahrt rückwärts.«

Stern: »Denken Sie in solchen Momenten ans Aufhören?«

Dirk Nowitzki: »So mürbe fühle ich mich auch wieder nicht. [...] Den Kampf gegen das Altern habe ich noch nicht aufgegeben. Ich bin mittendrin.«[22]

# Endliche Lebenszeit

## 1. Wie wir nach SIMONE DE BEAUVOIR aus eigener und aus fremder Sicht älter werden

Vorzeitig sterben oder altern – eine andere Wahl haben wir nicht. Und dennoch überkommt uns das Alter überraschend, so hat es auch Goethe empfunden. Jeder ist für sich das einzige Subjekt, und oft wundert man sich, wenn das allgemeine Schicksal – Krankheit, Trennung, Trauer – zum eigenen wird. Ich erinnere mich noch an mein Erstaunen, als ich zum ersten Mal in meinem Leben ernstlich krank wurde und mir sagte: »Diese Frau, die man da auf der Bahre transportiert, bin ich.« Indes vermögen wir die unvorhersehbaren Unglücksfälle leicht in unsere Lebensgeschichte einzubeziehen, da sie uns in unserer Eigenart betreffen; das Alter hingegen ist schicksalhaft, und wenn es sich unseres eigenen Lebens bemächtigt, sind wir bestürzt. »Was ist denn geschehen? Das Leben – und ich bin alt geworden«, schreibt Aragon. Daß das Verstreichen der Zeit ausschließlich auch zu einer persönlichen Veränderung geführt hat – das bringt uns aus der Fassung. Schon mit 40 Jahren konnte ich es nicht glauben, wenn ich mir, vor einem Spiegel stehend, sagte: »Ich bin 40 Jahre alt.« Das Kind und der Jugendliche leben wirklich ihr Alter; all die Verbote und Pflichten, denen sie unterworfen sind, das

Benehmen anderer ihnen gegenüber, lassen es sie nie vergessen. Als Erwachsene denken wir kaum daran: Diese Vorstellung scheint für uns nicht zu gelten. Sie setzt voraus, daß man sich der Vergangenheit zuwendet und sich Rechenschaft ablegt, während wir, der Zukunft zugewandt, unmerklich von einem Tag zum andern, von einem Jahr zum andern gleiten. Das Alter ist besonders schwer zu bewältigen, weil wir es immer als etwas Fremdes betrachtet haben: Bin ich denn wirklich eine andere geworden, da ich doch ich selbst blieb?

»Gar kein Problem«, bekomme ich zu hören, »solange Sie sich jung fühlen, sind Sie es auch.« Das aber bedeutet, die komplexe Wahrheit des Alters zu verkennen: Das Alter ist ein dialektischer Bezug zwischen meinem Sein in den Augen anderer, so wie es sich objektiv darstellt, und dem Bewußtsein meiner selbst, das ich durch das Alter gewinne. Es ist der andere in mir, der alt geworden ist, das heißt jener, der ich für die anderen bin: Und dieser andere – bin ich. Gewöhnlich erscheint unser Sein den anderen so vielfältig, wie diese selbst sind. Jede Meinung über uns kann im Namen eines anderen Urteils verworfen werden. In diesem Fall aber ist kein Widerspruch erlaubt: Der Begriff »ein Sechziger« hat für alle dieselbe Bedeutung. Er bezeichnet biologische Erscheinungen, die eine ärztliche Untersuchung bestätigen würde. Unsere persönliche Erfahrung hingegen zeigt uns die Zahl unserer Jahre nicht an. Keine körperliche Empfindung enthüllt uns die Regressionsvorgänge des Alterns. [...]

Unser Äußeres, die Wirkung von Körper und Gesicht,

gibt uns eine klare Auskunft: Welch ein Gegensatz zu der Zeit, da wir 20 waren! Allerdings vollzieht sich diese Veränderung ganz allmählich, und wir bemerken sie kaum. Madame de Sévigné hat das sehr hübsch ausgedrückt. Sie schreibt am 27. Januar 1678: »Die Vorsehung führt uns so gütig in all den verschiedenen Epochen unseres Lebens, daß wir diese quasi nicht bemerken. Ein sanfter, kaum wahrzunehmender Abstieg ist es; der Zeiger auf dem Zifferblatt, den wir nicht vorrücken sehen ... Würde man uns in unserer Jugend den Rang der Würde in unserer Familie verleihen und ließe uns im Spiegel das Gesicht sehen, das wir einmal haben werden oder mit 60 Jahren haben – wir würden bei dem Vergleich mit dem des 20-Jährigen hintenüberfallen und hätten Angst vor diesem Gesicht; aber wir schreiten ja von Tag zu Tag voran; wir sind heute wie gestern und morgen wie heute; so werden wir älter, ohne es zu merken, und das ist eines jener Wunder der Vorsehung, die ich so sehr liebe.«

Eine gewaltsame Veränderung kann diese Ruhe zerstören. Lou Andreas-Salomé verlor infolge einer Krankheit mit 60 Jahren ihr Haar. Bis dahin hatte sie sich als Frau »ohne Alter« gefühlt – nun gestand sie, daß sie sich auf der ungünstigen Seite der Leider sah. Aber abgesehen von solchen Unglücksfällen brauchen wir schon Gründe, um vor dem Spiegelbild stehenzubleiben und es nach unserem Alter zu befragen.

Was das Nachlassen geistiger Kräfte angeht, so ist der davon Betroffene unfähig, es festzustellen, wenn gleichzeitig mit seinen Fähigkeiten auch seine Ansprüche geringer geworden sind. La Fontaine wähnte sich mit 72 Jahren im vollen Besitz seiner physischen und geistigen Kräfte, als er am 16. Oktober 1693 an Maucroix schrieb: »Es geht mir nach wie vor sehr gut, und ich habe einen übermäßigen Appetit und ebensolche Kräfte. Vor fünf oder sechs Tagen bin ich, fast ohne etwas gegessen zu haben, zu Fuß nach Bois-le-Vicomte gegangen; dabei sind es gut fünf Wegstunden von hier.« Im Juni desselben Jahres jedoch schrieb Ninon de Lenclos an Saint-Évremond: »Ich habe erfahren, daß Sie La Fontaine gern nach England holen würden. In Paris haben wir nicht viel von ihm; er ist recht schwach im Kopf geworden.« Vielleicht hat La Fontaine das geahnt und sich deshalb Maucroix gegenüber mit seiner jugendlichen Frische gebrüstet, aber lieber nicht darüber nachgedacht. Auch auf diesem Gebiet gewinnen die Anzeichen erst in einem gewissen Zusammenhang ihre Bedeutung.

Es ist – da es der andere in uns ist, der alt ist – ganz normal, daß wir durch andere Menschen zur Erkenntnis unseres Alters gelangen. Gern gestehen wir es nicht ein: »Jeder fährt zusammen, wenn er das erste Mal hört, daß er als alt bezeichnet wird«, bemerkt O. W. Holmes. Ich erschrak im Alter von 50 Jahren, als eine amerikanische Studentin mir von dem Ausruf einer Kommilitonin berichtete: »Was, Simone de Beauvoir ist schon so alt!«

Simone Lucie-Ernestine-Marie Bertrand de Beauvoir (1908 bis 1986) ist eine der bedeutendsten Philosophinnen Frankreichs. Nachdem sie zusammen mit Jean-Paul Sartre (1905 bis 1980) an der Sorbonne in Paris ihre Agrégation in Philosophie abgelegt hatte, war sie mit einigen Unterbrechungen Lehrerin, bis sie 1943 wegen ihrer kritischen gesellschaftlich-politischen Haltung aus dem Schuldienst entlassen wurde. Danach lebte sie als freie Schriftstellerin und mischte sich gemeinsam mit ihrem Lebensgefährten Sartre weiterhin in öffentliche Fragen ein, vor allem im Widerstand gegen die deutsche Besatzung und im Befreiungskrieg Algeriens. Neben ihren literarischen Arbeiten und philosophischen Essays ist sie besonders durch ihr Buch *Das andere Geschlecht* (1949) bekannt geworden. Mit ihrer These »Man wird nicht als Frau geboren, man wird es« gilt sie als eine der Begründerinnen des Feminismus. Mit diesem Satz leugnet sie, entgegen einem häufigen Missverständnis, nicht die biologische Basis der Geschlechterdifferenz, sondern legt den Akzent auf deren soziokulturelle Ausformung. Indem sich der Mann in der Gesellschaft theoretisch als bestimmendes Subjekt verstehe und sich auch praktisch als solches durchsetze, weise er der Frau die Rolle des bloßen Objekts zu. Die Frau werde nicht in ihrem Eigenwert anerkannt, sondern in Abhängigkeit vom Mann als das »andere« Geschlecht definiert und behandelt. Ihre »Weiblichkeit« könne sie nur passiv leben. Sie müsse sich die Rolle als freies Subjekt erst konfliktreich erobern. Wenn sich in den vergangenen Jahrzehnten die Rolle der Frau individuell und gesellschaftlich vor allem in der westlichen Kultur zu mehr Gleichberechtigung gewandelt hat, ist dies auch auf den Einfluss Simone de Beauvoirs zurückzuführen.

Auch mit ihrem weniger bekannten Buch *Das Alter* (1970),

dem der Textauszug entnommen ist, hat sie eine zentrale Frage des menschlichen Lebens thematisiert. Die demographische Entwicklung hat dafür gesorgt, dass die Debatte um unseren Umgang mit dem Alter der feministischen Diskussion heute an Brisanz um nichts nachsteht. Wie das Geschlecht ist auch das Alter für de Beauvoir keine rein biologische Tatsache: »Das Alter läßt sich nur in seiner Gesamtheit erfassen; es ist nicht nur eine biologische, sondern eine kulturelle Tatsache.«[23] Daraus ergibt sich für sie die Frage: »Was ist an der Lage des alten Menschen unvermeidlich? In welchem Maße ist die Gesellschaft dafür verantwortlich?«[24] Dass für die Existenzphilosophin de Beauvoir der Einzelne in der Gesellschaft für seine Rolle mitverantwortlich ist, wird zwar an dieser Stelle nicht ausdrücklich erwähnt, muss man jedoch bei ihr mitdenken.

Wie die meisten philosophischen Texte, sollte man den kurzen Textauszug mehrmals lesen. Dies liegt nicht an der berüchtigten Abstraktheit der Philosophie, sondern gerade umgekehrt an der konkreten Schreibweise de Beauvoirs. Die Philosophin ist zugleich Schriftstellerin und drückt ihre allgemeinen Überlegungen in Form von Beispielen und Geschehnissen aus. Sie philosophiert erzählend und bezieht sich darauf, was aus ihrer Sicht jeder als konkrete Erfahrung von Phänomenen und zugleich als allgemeine Einsicht nachvollziehen und erinnern kann. Aus diesem narrativen und phänomenologischen Vorgehen ergibt sich die Schwierigkeit, nicht nur die konkreten Begebenheiten, sondern auch deren abstrakte Deutung zu verstehen. In dem ausgewählten Textauszug geht es de Beauvoir, wie sie mit Hilfe ihrer historischen und aktuellen Beispiele erläutert, um »die komplexe Wahrheit des Alters«. Diese bestehe in einem »dialektischen Bezug« zwischen einer Außensicht und einer Innensicht. Dabei betont de Beauvoir bei aller unterschiedlichen Sichtweise des Alters von außen und erst recht der davon unterschiedenen Selbstwahrnehmung die unbestreitbare biologische Tatsache des Alters: »Der Begriff ›ein Sechziger‹ hat für alle dieselbe Bedeutung. Er bezeichnet biologische Erscheinungen, die eine ärztliche Untersuchung bestätigen würde.« Insofern ist, wie man ergänzen kann, der häufig geäußerte Satz »Jeder ist so alt, wie er sich fühlt« nur die halbe Wahrheit – und zugleich eine halbe Selbstlüge. Trotz der besten kosmetischen, chirurgischen oder allgemeinärztlichen Behandlung lässt sich »ein Sechziger« nach allgemeinen Kriterien ziemlich genau definieren, vor allem wenn man ihn etwa mit 20-, 40- oder 80-Jährigen vergleicht.

De Beauvoir macht auf die weit verbreitete Tendenz aufmerksam, das eigene Alter zu verdrängen oder schönzureden: Nur die anderen werden alt oder älter, nicht ich selber. Erst wenn uns jemand auf unser tatsächliches biologisches Alter aufmerksam macht oder uns unvoreingenommen beschreibt, merken wir plötzlich, dass wir älter werden und vielleicht sogar schon alt geworden sind. Davon berichtet die Philosophin aus ihrer Erfahrung: »Was, Simone de Beauvoir ist schon so alt!« Dass die biologische Tatsache des Alters historisch und kulturell unterschiedlich wahrgenommen werden kann, hatte sie im ersten Teil ihres Buches gezeigt. Im zweiten Teil geht es ihr dagegen um den unterschiedlichen Umgang mit dem eigenen Alter. Sie macht anhand von

Beispielen plausibel, dass sich mehrere Muster oder Konstanten herausarbeiten lassen. Dabei räumt sie ein, dass die von ihr zitierten Beispiele hauptsächlich von »Privilegierten« handeln, da »nur sie – oder fast nur sie – die Mittel und die Muße haben, über sich selbst Rechenschaft abzulegen«[25]. Die Konstanten sind nicht als allgemeingültige Wahrheiten gemeint, was das Alter ist und wie es gelebt werden sollte. Es handelt sich vielmehr um Probleme oder Phänomene, die in verschiedenen Kulturen oder Gesellschaften in ähnlicher Weise vorkommen, auch um Möglichkeiten, wie sie gelöst werden können. Von ihnen sollen im Folgenden nur einige besonders interessante genannt werden.

Als erste Konstante nennt de Beauvoir die Differenz von Selbst- und Fremdwahrnehmung. Dieses Phänomen deutet sie nicht näher, da es ihr vermutlich so selbstverständlich erscheint, dass man es nicht ausdrücklich erklären muss. Offensichtlich resultiert für sie die Verdrängung des eigenen Alters aus der Angst vor dem Zerfallsprozess. Ob allerdings eine derartige Angst wirklich von allen geteilt wird, kann de Beauvoir mit Hilfe ihrer Einzelbeobachtungen nicht belegen, sie trifft aber vermutlich auf viele zu. Sie bewertet auch nicht, ob eine derartige Verdrängung wünschenswert ist. So könnte man sich durchaus auf den Standpunkt stellen, dass man sich nicht vorzeitig vor dem Alter ängstigen sollte, weil es sowieso kommt. Der Vorteil einer möglichst realistischen Selbstwahrnehmung dagegen kann darin liegen, dass man mit seiner Endlichkeit konfrontiert wird, um die noch verbleibende Zeit sinnvoller zu nutzen (Text 3).

Als zweite Konstante lässt sich die geschlechtsspezifische

Altersproblematik hervorheben. Entsprechend ihrer These, die Frau werde in einer von Männern dominierten Gesellschaft lediglich als das »andere« Geschlecht definiert, sieht de Beauvoir auch im Alter eine ungleiche Rollenverteilung zwischen Männern und Frauen. Zweifellos können – weit mehr noch als zur Zeit der Abfassung des Buches vor über vierzig Jahren – Mode, Kosmetik und Schönheitschirurgie das biologische Alter eines Menschen vertuschen, und immer mehr moderne Frauen nutzen diese Mittel. Insgesamt aber ist zuzugeben, dass es auch in einer emanzipierten Gesellschaft noch viele Frauen gibt, »für die das Alter eine radikale Disqualifikation bedeutet. Sie suchen durch Kleidung, Aufmachung, Mimik die Umwelt zu täuschen, vor allem aber sich selbst hysterisch davon zu überzeugen, daß die allgemeingültige Regel für sie nicht zutrifft.«[26] Das Männliche dagegen ist nach de Beauvoir nicht »eine Beute des Alters; von ihm verlangt man nicht Frische, Sanftheit, Anmut, sondern die Stärke und Intelligenz des Eroberers; weiße Haare und Falten stehen nicht im Widerspruch zu diesem männlichen Ideal«[27]. Beispielsweise erscheinen auch heute noch alte Filmschauspieler eher attraktiv als alte Schauspielerinnen, Ähnliches gilt auch auf dem Kontakt- oder Heiratsmarkt.

Eine dritte Konstante ist die seit der Antike verleugnete Sexualität des Alters. De Beauvoir kritisiert insbesondere die »Moralisten« in der Tradition eines Platon oder Seneca: »Die Moralisten, die das Alter aus politischen oder ideologischen Gründen verteidigen, behaupten, es befreie den Menschen von seinem Körper. Durch eine Art Ausgleich gewinne der Geist, was der Körper verliere.«[28] Ob aber die kritisierten Moralisten auch anders gelesen werden können, etwa als berechtigte Kritik an Zügellosigkeit und zugleich als Mahnung zu Mäßigkeit in der Jugend, wird bei den entsprechenden Texten noch genauer zu sehen sein (Text 3, 4). Außer empirischen Daten zur Alterssexualität, deren Trend auch heute noch bestätigt werden kann[29], führt de Beauvoir zahlreiche Beispiele privilegierter Männer von Goethe über Tolstoi, Victor Hugo und Charlie Chaplin bis zu Picasso und Rodin an, um ihre These zu belegen, »daß ein reiches Geschlechtsleben sich lange fortsetzt«[30]. Auch hier zeige sich eine geschlechtsspezifische Ungleichheit, da »in unserer Gesellschaft der Mann in jedem Alter Subjekt, und die Frau Objekt, also abhängig ist«[31]. Dass dies auch heute trotz vieler Ausnahmen noch weitgehend zutrifft, lässt sich im Alltag, im Beruf und in der Werbung beobachten, nicht nur in der islamischen, sondern auch in der sonst aufgeklärten westlichen Kultur.

Als vierte Konstante, die schließlich noch genannt werden soll, beschäftigt sich de Beauvoir ausführlich mit der Einstellung zur Zeit. Das Alter habe »eine begrenzte Zukunft, eine erstarrte Vergangenheit«[32]. In der Tat lässt sich häufig beobachten, dass alte Menschen eher in der Erinnerung leben und dieser oft nachtrauern, aber kaum mehr den Blick auf die Zukunft richten. Dies liegt nach de Beauvoir nicht ausschließlich daran, dass sie ihre Endlichkeit entdecken und nicht mehr viel Zukunft vor sich sehen, sondern dass sie in unserer Gesellschaft unter den Zwängen von Arbeit und Alltag in jüngeren Jahren kaum Gewohnheiten entwickeln konnten, um kreativ und kritisch mit ihrer gelebten und noch zu lebenden Zeit umzugehen.

## 2. Warum nach HANS JONAS ein unendlich verlängertes Leben nicht wünschenswert wäre

Seit unvordenklicher Zeit haben Sterbliche ihre Sterblichkeit beklagt, ihr zu entrinnen gesucht, an der Hoffnung auf ewiges Leben gehangen. Mit »Sterbliche« sind natürlich Menschen gemeint. Der Mensch allein unter allen Geschöpfen weiß, daß er sterben muß, er allein betrauert seine Toten, bestattet seine Toten, gedenkt seiner Toten. So sehr wurde Sterblichkeit als Kennzeichen der *conditio humana* angesehen, daß das Attribut »sterblich« beinah für den Menschen monopolisiert wurde: Im homerischen wie späteren griechischen Sprachgebrauch zum Beispiel ist »die Sterblichen« fast synonym mit »die Menschen« gebraucht, im Kontrast zu der beneideten, alterslosen Unsterblichkeit der Götter. »Memento mori« hallt durch die Zeiten als ständige philosophische wie religiöse Mahnung im Dienste eines wahrhaft menschlichen Lebens. »Lehre uns zählen unsere Tage, auf daß wir ein weises Herz gewinnen«, schreibt der Psalmist im 90. Psalm. [...]

Das Allgemeinwohl der Menschheit ist engstens verknüpft mit der Zivilisation, und diese mit all ihren Stärken und Schwächen würde weder entstanden sein noch in Bewegung bleiben ohne die immer wiederholte Ablösung von Generationen durch Generationen. An dieser Stelle läßt es sich nun nicht länger hinausschieben, die Betrachtung des Todes zu ergänzen durch diejenige der Geburt, seines wesentlichen Gegenstücks, dem wir noch keine Aufmerksamkeit geschenkt haben. Natürlich war es stillschweigend in die Betrachtung individueller Sterblichkeit als Vorbedingung biologischer Entwicklung eingeschlossen. In der unvergleichlich schnelleren, nichtbiologischen Art der Evolution, die sich innerhalb der biologischen Identität der menschlichen Art abspielt durch die generationenübergreifende Weitergabe und Ansammlung erlernten Wissens und Könnens, gewinnt das Zusammenspiel von Tod und Geburt eine ganz neue und vertiefte Relevanz. »Gebürtigkeit« (»natality«, um eine Begriffsprägung meiner lang verschiedenen Freundin Hannah Arendt zu verwenden) ist ein ebenso wesentliches Attribut der *conditio humana,* wie es die Sterblichkeit ist. Sie benennt die Tatsache, daß wir alle geboren wurden, und das bedeutet, daß jeder von uns irgendwann anfing, hier zu sein, als andere schon lange da waren, und das stellt sicher, daß es immer solche geben wird, die die Welt zum ersten Male sehen, Dinge mit neuen Augen anschauen, staunen, wo andere durch Gewohnheit abgestumpft sind, starten, wo andere angekommen sind. Jugend mit all ihrer Tolpatschigkeit und Torheit, ihrem Eifer und ihrem Fragen ist die ewige Hoffung der Menschheit. Ohne ihre immerwährende Ankunft würde die Quelle von Neuheit versiegen, denn die Alt- und Älterwerdenden haben ihre Antworten gefunden und bewegen sich auf eingefahrener Bahn. Das immer neue Anfangen, das nur um den Preis immer wiederholten Endens zu haben ist, ist der Schutz der Menschheit gegen das Versinken in Langeweile und Routine, ihre Chance, die Spontaneität des Lebens beizubehalten. Ein weiterer Gewinn der »Gebürtigkeit« ist, daß jeder der Neuankömmlinge verschieden und einmalig ist. Es liegt in der Natur geschlechtlicher Fortpflanzung, daß keiner der durch sie Erzeugten genetisch die Wiederholung eines Vorgängers ist oder selbst eine Wiederholung erfahren wird.

Nun sind aber das Wohl der Menschheit und das des einzelnen nicht notwendig identisch, und manch einer möchte wohl sagen: Zugegeben, daß Sterblichkeit gut für die Menschheit als ganze ist, und auch zugegeben, daß ich dankbar ihren Ertrag annehme, für den andere bezahlt haben – was mich selber anlangt, so wünsche ich gleichwohl brennend, daß ich von dieser Regel ausgenommen sein möge und unbegrenzt fortfahre, ihre Früchte zu genießen, vergangene, gegenwärtige und zukünftige. Natürlich (so stellen wir uns ihn hinzufügend vor) müßte das eine Ausnahme bleiben, aber warum nicht ein paar ausgewählte Gleichbegünstigte als Gefährten in der Unsterblichkeit dazuhaben? Für »unbegrenzt«, kann man auch »zwei- oder dreimal das normale Maximum« setzen, und dementsprechend »Unsterblichkeit« abändern. Würde dieser Wunsch wenigstens die Probe vorgestellter Erfüllung bestehen? Mir ist ein Versuch bekannt, diese Frage anzugehen: Jonathan Swifts grausliche Beschreibung der »Struldbrugs« in *Gullivers Reisen*, jener »Unsterblichen«, welche »manchmal, wenn auch sehr selten«, im Königreich Luggnagg geboren werden. Als Gulliver zum ersten Mal von ihnen hört, ist er entzückt vom Gedanken an ihr Glück und das einer Gesellschaft, welche solche Quellen der Erfahrung und Weisheit besitzt. Aber er muß hören, daß ihr Los erbärmlich ist, allgemein bedauert und verabscheut; ihr nicht enden wollendes Leben wird ihnen und den Sterblichen um sie herum zu immer wertloserer Last; sogar die Gesellschaft ihrer eigenen Artgenossen wird unerträglich, so daß zum Beispiel Ehen bei einem bestimmten Alter geschieden werden, »weil das Gesetz dafürhält ..., daß diejenigen, die ohne eigene Schuld zu dauerndem Verbleib in der Welt verdammt sind, nicht ihr Elend verdoppelt haben sollen durch die Last eines Weibes« – oder eines Mannes, füge ich eilends hinzu. Und so weiter – es lohnt sich, Gullivers lebhafte Beschreibung zu lesen. Für den Zweck unserer Frage hat Swifts Phantasie einen Haken: Seinen Unsterblichen ist das Sterben versagt, nicht aber Altersschwäche und Senilität erspart – und damit ist natürlich der Ausgang seines Gedankenexperiments stark vorentschieden. Unsere Prüfung einer gedachten Erfüllung muß annehmen, daß diese nicht das Geschenk eines unerklärlichen Zufalls ist, sondern der wissenschaftlichen Kontrolle über die natürlichen Todesursachen und daher schon über die Altersprozesse entspringt, die dazu führen, so daß ein derart verlängertes Leben auch die Körperkräfte beibehält: Wäre *dann* die indefinite Verlängerung für die Subjekte selber erstrebenswert? Laßt uns verzichten auf solche Einwände wie den Hinweis auf das Ressentiment der vielen gegen die Ausnahme für die wenigen, wie immer sie erlangt sein möge, oder auf das Unedle schon des Wunsches danach, den Bruch der Solidarität mit dem gemeinsamen sterblichen Los, urteilen wir nach rein egoistischen Gründen. Eine von Gullivers Beschreibungen gibt uns einen wertvollen Fingerzeig. »Sie erinnern sich an nichts als an das, was sie in ihrer Jugend und ihren mittleren Jahren gelernt und beobachtet haben.« Das rührt an einen Punkt, der von seniler Altersschwäche unabhängig ist: Wir sind endliche Wesen, und selbst wenn unsere Vitalfunktionen unbeeinträchtigt weiterliefen, so gibt es doch Kapazitätsgrenzen unseres Gehirns für das, was es speichern und dem noch hinzufügen kann. Es ist die geistige Seite unserer Existenz, die früher oder später Halt gebieten muß, auch wenn die Hexenmeister der Biotechnologie eines Tages die Tricks entdeckt haben sollten, die Leibesmaschine unbegrenzt weiterlaufen zu lassen. Hohes Alter bedeutet beim Menschen eine lange Vergangenheit, die der Geist in seine Gegenwart mit einbegreifen muß als das Substrat seiner persönlichen Identität. Die Vergangenheit in uns wächst allezeit, mit ihrer Last von Wissen und Meinungen und Gefühlen und Entscheidungen und erworbenem Können und angenommenen Gewohnheiten und, natürlich, von Dingen über Dingen, die entweder erinnert oder, selbst wenn vergessen, doch irgendwie verzeichnet sind. Der Platz für all das ist finit, und die genannten Hexenmeister müßten auch periodisch die alten Inhalte von Bewußtsein und Gedächtnis löschen können (wie bei Computern), um für neue Raum zu schaffen. Dies sind etwas ausschweifende Phantasien; wir bedienen uns ihrer nur, um die Bewußtseinsseite bei der Frage nach der Sterblichkeit und dem individuellen Wohl ins Licht zu stellen. Die schlichte Wahrheit unserer Endlichkeit ist die, daß uns endloses Fortexistieren (durch welche Mittel auch immer) nur möglich wäre um den Preis, entweder die Vergangenheit und damit unsere wahre Identität zu verlieren, oder nur in der Vergangenheit und damit ohne wirkliche Gegenwart zu leben. Ernsthaft können wir weder das eine noch das andere wollen und daher auch nicht ein physisches Fortleben um diesen Preis. Es würde uns in einer Welt gestrandet lassen, die wir nicht einmal als Zuschauer mehr verstünden – wandelnde Anachronismen, die sich selbst überlebt haben. Es ist eine sich ändernde Welt infolge der Neuankömmlinge, die fortwährend eintreffen und uns hinter sich lassen. Mit ihnen Schritt halten zu wollen, ist zu unrühmlichem Scheitern verurteilt, um so mehr, als »Schritt« sich derartig beschleunigt hat.

Hans Jonas ist einer der bekanntesten Natur- und Technikphilosophen. Er befasst sich mit ethischen Fragen des wissenschaftlich-technischen Fortschritts, zum Beispiel in der Biotechnologie und der modernen Medizin. Jonas wurde 1903 in Mönchengladbach geboren, emigrierte 1933 nach England und 1935 nach Palästina, seit 1955 lebte er in den USA und starb dort 1993 in New York. In seinen ersten wissenschaftlichen Arbeiten hatte sich Jonas mit der spätantiken Religionsphilosophie der Gnostik[33] beschäftigt, der Lehre von der Schau Gottes und einem jenseitigen, geistigen

Leben. Später wandte er sich mehr diesseitigen Themen zu, die er jedoch weiterhin in einen metaphysisch-spekulativen Zusammenhang brachte. Weltweit bekannt wurde er mit seinem Spätwerk *Das Prinzip Verantwortung* (1979), in dem er eine Ethik zur Bewahrung der Natur entwickelte. Das Buch mit seinem prägnanten Titel wurde nicht nur innerhalb der akademischen Philosophie rezipiert, sondern auch in politischen Diskussionen häufig zitiert. In ihm entwickelte Jonas die These, dass die Welt oder Natur grundsätzlich zu bejahen sei und vor zerstörerischen Eingriffen des Menschen beschützt werden müsse.

Diese These liegt Jonas' 1991 erschienenem Aufsatz *Last und Segen der Sterblichkeit* zugrunde, dem der Textauszug entnommen ist. Jonas hat sich sein ganzes Leben lang mit den teilweise problematischen Folgen der Entwicklung der wissenschaftlich-technisch geprägten Welt intensiv auseinandergesetzt. Seine Arbeiten geben ein eindrucksvolles Zeugnis davon ab, was im Alter an geistiger Wachsamkeit möglich ist. Mit seiner Rede *Philosophie. Rückschau und Vorschau am Ende des Jahrhunderts*[34], die er 1992 noch kurz vor seinem Tod hielt, hinterließ er sein letztes philosophisches Vermächtnis: Nachdem sich die Philosophie des 20. Jahrhunderts lange mit theoretischen Fragen vom Wesen des Menschen und der Beschaffenheit der Welt beschäftigt habe, sei es jetzt vor allem ihre Aufgabe, die einschlägigen Einzelwissenschaften auf die praktische Frage hin zusammenzuführen, wie die Natur und der Mensch vor Zerstörung bewahrt werden können.

Wenn wir erst einmal, wie Simone de Beauvoir beschreibt

(Text 1), unausweichlich gewahr werden, dass wir tatsächlich altern, ist auch die Einsicht unabweisbar, dass wir nicht unendlich weiterleben, sondern unwiderruflich sterben werden. Unsere Lebenszeit ist endlich. Durch die Fortschritte der Biotechnologie und modernen Medizin scheint es heute allerdings, als ob ein vorzeitiges Sterben durch Krankheiten und in Zukunft vielleicht sogar der Tod überhaupt besiegt werden könnte – ein alter Traum der Menschheit. In dem Textauszug befasst sich Jonas mit der Frage, ob eine derartige unendliche Lebensverlängerung ein wünschenswertes Ziel ist und worin, so der Titel des gesamten Aufsatzes, »Last und Segen der Sterblichkeit« bestehen. Die Last der Sterblichkeit besteht, wie man sich unabhängig von Jonas' Ausführungen leicht klarmachen kann, in der oft quälenden Einsicht, dass unser Leben von seinem Beginn an auf den Tod bezogen ist. Während wir in der Kindheit und Jugend noch unbeschwert in den Tag hinein leben können, fällt dies Erwachsenen weniger leicht, nicht nur wegen ihrer Alltagspflichten, sondern auch infolge eigener Krankheiten oder des miterlebten Todes von Freunden und Angehörigen. Die Angst vor dem Alter und dem Tod wächst trotz aller Verdrängungsleistungen, die auch eine schützende Funktion haben können.

Der Tod kann sogar die Erlösung von einem unglücklichen Leben im Diesseits bedeuten und ist für viele zugleich der Beginn eines besseren Lebens im Jenseits. Trotzdem möchten wir, wenn wir glücklich und zufrieden sind, keineswegs bald sterben, sondern möglichst ewig so weiterleben. Biologisch gesehen ist Altern nach Jonas außerdem keineswegs notwendig: »so vertraut und scheinbar selbstverständlich uns das Phänomen ist, ist Altern – interner organischer Verschleiß durch den Lebensprozeß selber – nicht ein universales Charakteristikum des Lebens, nicht einmal bei ziemlich komplexen Organismen. Man glaubt kaum, wie viele und verschiedene Arten nicht altern, etwa bei Knochenfischen, See-Anemonen, zweischaligen Mollusken. ›Verschleiß‹ findet dort nur durch äußere Todesursachen statt, die aber ausreichen, im Widerspiel mit der Geburtenrate die Populationsziffern auszubalancieren.«[35] Der Segen oder evolutionäre Gewinn der Sterblichkeit der komplexeren biologischen Arten liegt nach Jonas für die menschliche Gattung insgesamt nach den Forschungen Darwins auf der Hand. Durch Auslese und Anpassung entwickeln sich die Arten fort. Gibt es aber, so fragt Jonas, darüber hinaus auch einen Gewinn für den Einzelnen oder eine Gruppe, nicht nur für die biologische Weiterentwicklung der Gattung?

Im vorliegenden Textauszug diskutiert Jonas die Frage nach dem »Segen der Sterblichkeit« auf den beiden Ebenen des Allgemein- und des Einzelwohls. Für das Allgemeinwohl hat die Abfolge immer neuer Generationen nach Jonas den Vorteil der ständigen Erneuerung, zugleich aber der Tradierung von Wissen und Erfahrungen vergangener Generationen. Durch die menschliche »Gebürtigkeit« oder »Natalität«, wie Jonas an eine Begriffsprägung und Einsicht Hannah Arendts (1906–1975) erinnert, werden die oft erstarrten Antworten der Alten in die neuen, kreativen Fragen der Jungen übersetzt. Umgekehrt schaffe das Sterben der Alten Platz für die nächsten Generationen und ihre Erfahrungen. Aus der

Natalität ergibt sich außerdem, dass das »Gespenst der Überbevölkerung« gebannt wird, zumal in einer demographisch alternden Gesellschaft. Als weiteren Vorteil der Sterblichkeit lässt sich, so kann man mit dem Soziologen Zygmunt Bauman ergänzen, das Entstehen von Kultur sehen: »Kultur strebt nach jener Dauer und Beständigkeit, die dem Leben selbst auf so schmerzliche Weise abgeht. [...] Dem Wertvollsten Dauer zu verleihen, es nicht enden, nicht ›mit uns ins Grab sinken‹ zu lassen, ist jene Mission, die Kultur uns aufgetragen hat.«[36] Als Beispiele nennt Bauman das Lebenswerk eines Künstlers, Malers oder Schriftstellers, den Erkenntnisdrang wissenschaftlicher Forscher oder die Sammlung von Antiquitäten und Kunstwerken.

Offensichtlich aber wird die menschliche Sterblichkeit von den meisten weniger als Segen, sondern eher als Last angesehen. Selbst wenn der Menschheitstraum der Unsterblichkeit trotz des medizinischen Fortschritts nach Jonas keine »ernsthafte Chance« hat, werde er dennoch »in unserer technologischen Trunkenheit« zum Teil entschlossen verfolgt, etwa durch die Forschung zum Klonen von Menschen. Zwar wäre dadurch, anders als Jonas annimmt, keine individuelle Unsterblichkeit zu erzielen, weil eine exakt identische Reduplikation der Gene nicht möglich und die Entwicklung der genetischen Anlage durch Umwelteinflüsse notwendigerweise variabel ist. Aber dennoch lässt sich durch therapeutisches Klonieren von menschlichen Zellen zur Verbesserung genetischer Anlagen die Lebensgrenze immer weiter nach vorne schieben.

Nicht einmal der Hinweis auf die derzeitige Unmöglichkeit eines unendlich verlängerten Lebens kann aber nach Jonas die menschliche Hoffnung auf eine Überwindung des Todes unterdrücken. Um zu illustrieren, was Unsterblichkeit bedeuten würde, führt Jonas das Schicksal der unsterblichen »Struldbrugs« in Swifts *Gullivers Reisen* (1726) an.[37] Gulliver hört davon, dass im Land der Luggnaggier vereinzelt Unsterbliche geboren werden, ohne dass diese Eigenschaft allerdings vererbt werden könnte. Zunächst glaubt Gulliver, dass darin das große Glück liege, muss aber schnell die Last erkennen, die damit verbunden ist. Jonas empfiehlt Swifts Beschreibung als narrative, erzählte Philosophie zu lesen. Gullivers überschwängliche Hoffnung ist zunächst leicht nachvollziehbar: »O glückliche Nation, wo jedes Kind wenigstens das Los erhoffen kann, unsterblich zu sein! O glückliches Volk, das sich so vieler lebender Beispiele der alten Tugend erfreut und Lehrer besitzt, die es in der Weisheit aller früheren Zeiten unterrichten können. Überaus, unvergleichlich glücklich aber sind jene vortrefflichen Struldbrugs selbst, die durch Geburt von jenem allgemeinen Unglück der menschlichen Natur ausgenommen, einen freien und ungefesselten Geist besitzen, ohne die Belastung der Niedergeschlagenheit, die von der ständigen Furcht vor dem Tode verursacht wird.«[38] Von seinen Gesprächspartnern aufgefordert, einen persönlichen Lebensplan als Unsterblicher zu entwerfen, stellt Gulliver sich vor, wie er im Laufe seines langen Lebens der reichste, gelehrteste Mann und die »unfehlbare Autorität der Nation« sein würde, wie er junge Leute heranbilden, die Menschheit vor Gefahren warnen und große Erfindungen miterleben könnte.

Allerdings wird Gulliver von den Luggnaggiern mit mildem Spott über seine Irrtümer belehrt. Sein Bild von Unsterblichkeit setze ewige Jugend und Tugend voraus, erfahrungsgemäß aber sei bei den Struldbrugs genau das Gegenteil der Fall, nämlich ewige Senilität und Untugend: »Wenn sie nun das achtzigste Jahr erreichten, das in diesem Land als äußerste Grenze des Lebens betrachtet werde, so zeigen sie nicht allein alle Torheiten und Schwächen anderer alter Leute, sondern noch viel mehr, die eine Folge der furchtbaren Aussicht, niemals zu sterben, seien. Sie wären nicht allein eigensinnig, verdrießlich, habgierig, mürrisch, eingebildet und geschwätzig, sondern auch der Freundschaft unfähig und unempfänglich für jede natürliche Zuneigung, die sich nie über ihre Enkel hinaus erstrecke.«[39] Sie fühlten sich außerdem von Vergnügungen der Jugend ausgeschlossen, ihre Erinnerung reiche nur im Langzeitgedächtnis zurück in frühere Zeiten und sei unzuverlässig. Mit zunehmender Altersschwäche würden sie vergesslich, könnten ihre Zeit nicht mehr mit Lesen ausfüllen, die veränderte Sprache der anderen immer schlechter verstehen und sich bald sogar kaum noch mit ihnen unterhalten: »Und so sind sie in der ungünstigen Lage, wie Fremde in ihrem eigenen Vaterland zu leben. [...] Sie werden von allen Schichten des Volkes verachtet und gehaßt.«[40] Durch diese Belehrungen und seine eigenen Erfahrungen mit den Struldbrugs desillusioniert, lässt schließlich Gullivers »starkes Verlangen nach ununterbrochener Fortdauer des Lebens [...] sehr nach«.[41]

In einem »Gedankenexperiment« verbessert Jonas Gullivers Unsterblichkeitshoffnung durch einen wesentlichen Aspekt: Er ersetzt die ewige Senilität durch ewige Jugend. Dies sei durch die moderne gentechnologische Fortpflanzungsmedizin prinzipiell vorstellbar. Als Argument gegen eine derart um die »Vitalfunktionen« verbesserte Unsterblichkeit führt Jonas die »Kapazitätsgrenzen unseres Gehirns« an. Wir können nicht alle Erinnerungen speichern und verarbeiten, wie es auch bei Swift bereits anklinge. Damit sieht Jonas den Traum von Unsterblichkeit als gescheitert an. Allerdings ließe sich das Gedankenexperiment um die Vorstellung erweitern, das Gehirn funktioniere wie ein Computer, der tatsächlich unbegrenzte Speicherungs- und Verarbeitungskapazität hätte. Dann würde Jonas' Befürchtung nicht zutreffen, dass wir, wie es im Text heißt, die Unsterblichkeit mit dem Preis bezahlen müssten, »entweder die Vergangenheit und damit unsere wahre Identität zu verlieren, oder nur in der Vergangenheit und damit ohne wirkliche Gegenwart zu leben«. Eine makellose »Leibesmaschine« und ein optimierter Gehirncomputer hätten dann keine der bei Swift beschriebenen Defizite intellektueller, sozialer, und kommunikativer Art mehr. Wir hätten den perfekten Menschen produziert. Natürlich ist dies nur ein Gedankenexperiment mit sehr illusionären Annahmen. Es führt aber zu der realistischen Frage, mit welchen Mitteln und bis zu welchen Grenzen für die Gesellschaft und für den Einzelnen ein verlängertes Leben tatsächlich besser oder glücklicher sein könnte.

Am Schluss seines Aufsatzes nennt Jonas eine Minimalforderung für die Maßnahmen einer derartigen Lebensverlängerung. Er appelliert an die »Pflicht der Zivilisation, vorzeitigen Tod unter Menschen weltweit und in allen seinen

Ursachen zu bekämpfen – Hunger, Krankheit, Krieg und so fort.«[42] Dieser Forderung kann man sich zweifellos anschließen. Allerdings ist zu überlegen, was ein nicht »vorzeitiger Tod« bedeutet, und das heißt zugleich, was ein gutes, glückliches Leben sein könnte (Texte 4–6, 14). Außerdem ist zu fragen, wann mit Hilfe medizinischer Maßnahmen Leben verlängert oder wann es durch – passive oder aktive – Sterbehilfe beendet werden sollte, auch, wie man selber durch eine Patientenverfügung darauf Einfluss nehmen kann (Text 9). Konkreter, wenn auch nicht leicht zu beherzigen, ist Jonas' Mahnung am Schluss seines Aufsatzes, die an Seneca erinnert (Text 3): »Was jeden von uns betrifft, so könnte das Wissen, daß wir hier nur kurz weilen und daß unserer zu erwartenden Zeit eine unverhandelbare Grenze gesetzt ist, sogar nötig sein als Antrieb dafür, unsere Tage zu zählen und sie so zu leben, daß sie durch sich selber zählen.«[43]

## 3. Weshalb wir nach SENECA nicht zu kurz leben, sondern nur unsere Lebenszeit vergeuden

Zum größeren Teil, mein Paulinus, beklagen sich die Menschen heftig über die Mißgunst der Natur, weil wir nur für ein kurzes Leben geboren werden und weil so rasch, so ungestüm die uns gewährte Zeitspanne entflieht, dergestalt, daß mit Ausnahme von ganz wenigen für alle anderen inmitten der Vorbereitung auf das Leben das Leben endet. Und über solches Unglück, das angeblich alle ereilt, jammert nicht nur die große Masse und der unverständige Pöbel; auch berühmten Persönlichkeiten hat dieses Gefühl schon Klagen entlockt. Daher stammt jener Ausspruch des unvergleichlichen Arztes: »Das Leben ist kurz, weitläufig die Wissenschaft«, daher auch kam von Aristoteles, als er mit der Weltordnung ins Gericht ging, der für einen Weisen ganz unpassende Vorwurf, sie habe Tieren eine derart lange Lebenszeit zugebilligt, daß sie es bis auf fünf oder zehn Jahrhunderte brächten, dem Menschen aber, der doch zu so vielen großen Aufgaben geschaffen wurde, sei ein desto früheres Ende bestimmt.

Wir haben aber nicht wenig Zeit, wir haben viel vergeudet. Hinreichend lang ist das Leben und großzügig bemessen, um Gewaltiges zu vollbringen, würde man es im Ganzen nur richtig investieren. Doch wenn es uns in Genuß und Nichtstun verrinnt, wenn wir es keinem guten Zweck widmen, dann wird uns erst in unserer letzten Not bewußt, daß, was von uns unbemerkt verging, vorbei ist!

So ist's: Wir erhalten kein kurzes Leben, sondern haben es dazu gemacht, und es mangelt uns nicht an Zeit, sondern wir verschwenden sie. So wie gewaltige, königliche Schätze, sobald sie in die Hände eines schlechten Herrn kommen, im Augenblick verschleudert werden, während auch ein noch so bescheidenes Vermögen, falls man es einem guten Verwalter anvertraute, arbeitet und wächst, so steht auch dem, der sie gut einzuteilen weiß, viel Lebenszeit zu Gebote.

Was klagen wir über die Natur? Sie hat sich freigebig gezeigt: Das Leben ist, wenn man es zu nutzen versteht, lang. Doch unersättlich hat den einen die Habsucht im Griff, den anderen bei überflüssiger Anstrengung rastlose Geschäftigkeit, der eine ist voll von Wein, der andere döst stumpfsinnig vor sich hin, den treibt sein ewig nach dem Urteil anderer schielender Ehrgeiz bis zur Erschöpfung, jenen führt der verderbliche Drang, Handel zu treiben, durch alle Länder, alle Meere – immer in der Hoffnung auf Gewinn. Manchen läßt ihre Leidenschaft für den Krieg keine Ruhe, und stets sind sie entweder auf die Bedrohung anderer aus oder angesichts eigener in Sorge. Es gibt auch Leute, die undankbare Kriecherei bei Höhergestellten sich in selbstgewählter Sklaverei aufreiben läßt. Schon viele schlug die Begeisterung für fremde Schönheit oder die

Sorge um die eigene in ihren Bann. Die meisten aber, die kein bestimmtes Ziel verfolgen, hat ihre flatterhafte und prinzipienlose und sich selbst verhaßte Oberflächlichkeit schon von einem Vorhaben zum anderen getrieben, manche können sich nicht entscheiden, worauf sie Kurs halten sollen, und so ereilt sie im trägen Dahindämmern der Tod, dergestalt, daß ich, was ein großer Dichter gleich einem Orakel verkündet hat, ohne Zweifel für wahr halte:

Ein kleiner Teil des Lebens ist's, in dem wir leben.

Die restliche ganze Lebenszeit ist nicht Leben, sondern nur Zeit. Es bedrängen und umringen Laster von allen Seiten die Menschen und erlauben es ihnen nicht, sich aufzurichten und den Blick zu erheben, um die Wahrheit ganz zu erfassen, sie halten sie nieder und ketten sie an ihre Leidenschaften, und nie erlauben sie ihnen, zu sich selbst zurückzufinden. Wenn sich aber irgendwann zufällig etwas Ruhe einstellt, dann werden sie wie auf hoher See, wo auch nach dem Sturm der Wellengang noch anhält, umhergetrieben, und nie lassen sie die Begierden in Frieden.

Von denen, meinst du, rede ich, deren schlimme Lage außer Zweifel steht? Schau die an, um deren Glück man sich drängt! Sie ersticken an ihren Schätzen! Wie vielen ist ihr Reichtum eine Last! Wie viele kosten ihre Redekunst und der krankhafte Drang, sich täglich als Talent zu produzieren, den letzten Blutstropfen? Wie viele sind blaß von dauernden Ausschweifungen? Wie viele haben keine freie Minute mehr, weil sie Klienten in Scharen umringen!

Ja, nimm sie dir nur alle vor, von den Geringsten bis zu den Prominentesten! Der sucht Rechtsbeistand, der gewährt ihn, der hat einen Prozeß am Hals, der ist sein Verteidiger, jener der Richter, keiner macht sich frei für sich selbst, der eine reibt sich auf für den anderen. Erkundige dich nach denen, deren Namen man sich merken muß: Du wirst sehen, sie lassen sich folgendermaßen herauskennen: Der kümmert sich rührend um diesen, der um jenen, aber keiner um sich selbst.

Ganz töricht ist sodann die Entrüstung bestimmter Leute: Sie klagen über den Dünkel der Höhergestellten, weil diese, als sie ihnen ihre Aufwartung machen wollten, keine Zeit gehabt hätten. Da wagt einer sich über die Arroganz eines anderen zu beschweren, einer, der für sich selbst nie Zeit hat! Immerhin hat dich jener andere, so wie du bist, zwar mit blasierter Miene, aber doch irgendwann einmal zur Kenntnis genommen, hat geruht, deinen Worten sein Ohr zu leihen, und dich an seine Seite gelassen. Du aber fandest es unter deiner Würde, einmal auf dich zu sehen, auf dich zu hören. Also gibt es keinen Grund, aus deiner Anhänglichkeit für irgend jemand eine Verpflichtung abzuleiten, weil du ja, als du sie zeigtest, nicht etwa mit einem anderen zusammensein wolltest, sondern es mit dir zusammen nicht aushieltest. [...]

Wie sieht die Sache also aus? Als solltet ihr ewig leben, so lebt ihr dahin; nie wird euch eure Vergänglichkeit bewußt, ihr achtet nicht darauf, wieviel Zeit schon vergangen ist, wie aus dem vollen, aus dem Überfluß verschwendet ihr sie, während vielleicht gerade der Tag, den ihr an einen Menschen oder eine Sache verschenkt, euer letzter ist. Vor allem habt ihr Angst gleich Sterblichen, nach allem verlangt ihr wie Unsterbliche.

Man hört viele sagen: »Mit dem fünfzigsten Jahr will ich mich ins Privatleben zurückziehen, das sechzigste wird mich aus allen Bindungen entlassen.« Und wen nimmst du dir zum Bürgen für ein längeres Leben? Wer wird's erlauben, daß das so, wie du es dir zurechtlegst, vonstatten geht?

Schämst du dich nicht, nur einen Lebensrest für dich zu reservieren und lediglich die Zeit für deine innere Vervollkommnung vorzusehen, die man für nichts sonst gebrauchen kann? Es ist doch zu spät, dann mit dem Leben anzufangen, wenn es aufzuhören gilt! Wie kann man so töricht seine Sterblichkeit vergessen, daß man bis ins fünfzigste und sechzigste Lebensjahr vernünftige Vorhaben aufschiebt und an einem Punkt sein Leben beginnen will, den nur wenige erlebt haben?

Um 4 v.Chr. im spanischen Cordoba geboren, wuchs Seneca in Rom auf, genoss eine hervorragende Ausbildung und arbeitete als Rhetor und Anwalt. Nachdem er hohe politische Ämter bekleidet hatte, wurde er aufgrund von Intrigen 41 n.Chr. auf die Insel Korsika verbannt, wo er zwei weniger bekannte philosophische Schriften verfasste. 49 n.Chr. rief ihn die ehrgeizige Agrippa als Erzieher ihres Sohnes Nero nach Rom zurück. Im Jahr 55 n.Chr., als Nero mit knapp 17 Jahren Kaiser wurde, regierte er vor allem mit Hilfe seines

Ratgebers Seneca. Nero neigte zu einem ausschweifenden Leben, zu Impulsivität und Grausamkeit. So ließ er schon bald nach dem Regierungsantritt seinen Stiefbruder Britannicus als politischen Rivalen ermorden. Bis heute ist er berüchtigt durch das Anzünden Roms und seine Christenverfolgungen. Auch Senecas Appelle konnten Nero nicht mäßigen, etwa die Schriften *De ira* (*Der Zorn*) oder *Ad Neronem Caesarem de clementia* (*An Kaiser Nero über die Milde*). 62 n. Chr. zog sich Seneca von seinen Ämtern zurück und verfasste mit seinen *Epistulae morales ad Lucilium* (*Briefe an Lucilius*) seine bekanntesten Schriften. Vermutlich aus Ärger über seine ständigen Mahnungen und durch Missgunst aus dem Umkreis beeinflusst, bezichtigte ihn Nero schließlich, an einer Verschwörung beteiligt zu sein, und drängte Seneca dazu, sich selbst zu töten. In seinen *Annalen* stilisiert Tacitus Senecas Tod als gelassenen Abschied von der Welt nach dem Vorbild des Sokrates (Text 7).

Die Schrift *De brevitate vitae* (*Die Kürze des Lebens*), der vorliegender Textauszug entnommen ist, hat Seneca auf dem Höhepunkt seines politischen Einflusses und öffentlichen Ansehens geschrieben. Sein Leben war von vielen Spannungen und Widersprüchen durchzogen. Einerseits führte er als Politiker, Rhetor und Anwalt ein geschäftiges Leben, andererseits mahnte er die Römer zu Muße und Streben nach Weisheit. Er kritisierte den Besitz von Reichtum, obwohl er einer der reichsten Männer Roms war. Er forderte zwar eine an sittlichen Maßstäben ausgerichtete Politik, beteiligte sich jedoch als einflussreicher Berater des Kaisers Nero an dessen dubioser Politik. Gegen den Vorwurf, Theorie und Praxis stimmten bei ihm nicht überein, verteidigte er sich mit dem Argument, niemand, auch er nicht, sei weise und vollkommen, jeder aber könne und solle wenigstens danach streben. Wie weit Worte ohne eigenes Beispiel überzeugen können, lässt sich dadurch erproben, dass man Senecas Überlegungen und Mahnungen wie von einem unbekannten Verfasser auf sich wirken lässt. Außerdem hat Seneca tatsächlich zumindest versucht, ein gutes Beispiel für seine Lehre zu sein: Er wirkte mäßigend auf Nero ein, bot ihm die Rückgabe der Reichtümer an, die er von ihm erhalten hatte, und zog sich schließlich freiwillig aus seinen Ämtern zurück, um sich ganz der Philosophie zu widmen.

Am Anfang des Textauszugs weist Seneca auf die Klagen der meisten Menschen über das kurze Leben hin, denen sich auch der berühmte griechische Arzt Hippokrates anschließe. Dessen Ausspruch wird heute noch gern zitiert: »Das Leben ist kurz, weitläufig die Wissenschaft.«[44] Das anschließende Zitat des Aristoteles dagegen, der sich über die lange Lebenszeit der Tiere im Unterschied zum Menschen beklagt, ist weder sicher überliefert noch – wie Seneca sagt – inhaltlich einleuchtend, denn viele Tiere leben ja durchaus kürzer als die Menschen. Die Hauptthese des Texts ist klar: wir haben entgegen der üblichen Klage »nicht wenig Zeit, wir haben viel vergeudet«. Ebenso bedürfen Senecas zum Teil witzige, zum Teil ätzend kommentierte Beispiele keiner näheren Erläuterung. Darüber hinaus zeigt der Text mit seinen pointierten Wendungen und Antithesen die rhetorische Brillanz Senecas. Beispiele sind: »Wir erhalten kein kurzes Leben, sondern haben es dazu gemacht.«[45] Für diejenigen, die ihre

Zeit vergeuden, ist »die restliche ganze Lebenszeit nicht Leben, sondern nur Zeit.«[46] Weiter unten schreibt Seneca: »Die kennen keine Muße, sondern nur müßige Beschäftigung.«[47] (12, 4) Und spöttisch stellt er fest: »Du hast also keinen Grund, von jemand wegen seiner grauen Haare oder Runzeln anzunehmen, er habe lange gelebt. Nicht lange gelebt hat er, sondern er war lange vorhanden.«[48] (7, 10)

Seneca stellt seiner Kritik die Vorstellung gegenüber, wie ein geglückter Gebrauch der endlichen Lebenszeit und damit ein gutes Leben auszusehen hätte: »Es bedrängen und umringen Laster von allen Seiten die Menschen und erlauben es ihnen nicht, sich aufzurichten und den Blick zu erheben, um die Wahrheit ganz zu erfassen. Sie halten sie nieder und ketten sie an ihre Leidenschaften, und nie erlauben sie ihnen, zu sich selbst zurückzufinden.«[49] Damit ist deutlich, dass es Seneca nicht um das heute oft ersehnte »Zeit-für-sich-Haben« geht, um zum Beispiel einem Hobby nachzugehen. Er meint keine effektive Zeiteinteilung oder die Überwindung von stressigen Arbeitssituationen, die die Fähigkeit zum Multitasking verlangen, ohne dass man sich auf eine Tätigkeit wirklich konzentrieren kann. Vielmehr ist für ihn die Hinwendung zur »Wahrheit« als Hinwendung zum Ewigen, Göttlichen das eigentliche Ziel des Lebens. Indem sich der Mensch der Kontemplation oder Betrachtung des Ewigen widmet, findet er zu seinem wahren Selbst zurück. Die Lebenszeit des Menschen wird bei Seneca nicht nach ihrer äußeren Dauer gemessen, sondern für ihn zählt, inwiefern es dem Menschen gelingt, sich der ewigen Wahrheit zu widmen. Dieser Grundgedanke durchzieht Senecas sämtliche

Schriften und ähnelt christlichem Gedankengut. Daher wurde er vielfach für einen geheimen Christen gehalten. Mit seinem kurzen Hinweis auf die »Wahrheit« setzt Seneca die Kenntnis der stoischen Philosophie voraus, zu deren Anhängern in Rom er zusammen mit Epiktet (Text 13) und Marc Aurel gehörte. Die Stoa wurde um 300 v.Chr. in Athen von Zenon aus Kition begründet und bezog ihren Namen vom Versammlungsort der *Stoa poikile,* einer »bunten Säulenhalle«. Nach stoischer Auffassung, die ihre wichtigsten Wurzeln in Platons Philosophie hat (Text 4, 7), bestimmt die göttliche Vernunft (*logos*) die Natur oder das Weltganze. Daraus ergibt sich als Grundprinzip für das Leben der Menschen, »gemäß der Natur [zu] leben«[50]. Alles geschieht nach einer göttlichen, absoluten Heilsnotwendigkeit, der sich auch das Handeln des Menschen unterzuordnen hat. Dies gelingt durch Steuerung seiner Affekte mittels der Vernunft, die zur inneren Seelenruhe und Harmonie führt. Eine derartige Praxis, nicht aber bloße Theorie ist Ziel der stoischen Philosophie, der auch Seneca anhängt.

Die Auffassung von Philosophie als persönlicher Lebenshilfe wird gleich zu Beginn deutlich, wenn sich Seneca an eine konkrete Person als Gegenüber richtet, an Pompeius Paulinus, vermutlich Senecas Schwiegervater. Als Verwalter der staatlichen Getreideversorgung hatte er sich mit seinem Amt hohes Ansehen verschafft. Ihn spricht Seneca gegen Schluss seiner Schrift noch einmal direkt an: »Zieh dich also zu diesen ruhigeren, sichereren, wichtigeren Tätigkeiten zurück!« (19, 1) Statt mit noch so erfolgreichen und ehrenwerten Amtspflichten solle er sich lieber mit philosophischen

Fragen beschäftigen, vor allem mit Fragen, die eine Bedeutung für das eigene Leben haben, etwa Fragen nach dem Wesen der Gottheit, der göttlichen Willensentscheidung, oder dem Schicksal der Seele nach dem Tod. Ebenso sind auch eher theoretische Fragen von Bedeutung, zum Beispiel nach welchen Gesetzen das Weltall aufgebaut ist. Dabei führt die »Theorie«, verstanden als »Schau Gottes« (so wörtlich aus dem Griechischen übersetzt) und des göttlichen Kosmos, die Seele auf ihren göttlichen Ursprung und ihr höchstes Ziel zurück, sich dem Ewigen zuzuwenden. Als Lohn verspricht Seneca: »Du wirst Vollkommenheit erstreben und erfahren, Leidenschaften vergessen, zu leben und zu sterben wissen und in allem tiefe Ruhe finden« (19, 3). Der Mensch wird damit, wie eine andere Schrift Senecas heißt, ein »glückliches Leben« (*De beata vita*) leben.

Man soll sich daher nach Seneca nicht mit nutzlosen Dingen beschäftigen, die nichts zum »glücklichen Leben« beitragen. Als warnendes Beispiel vergeudeter Lebenszeit erinnert Seneca seinen Freund Paulinus am Schluss seiner Schrift an dessen vermutlichen Vorgänger im Amt: »Turannius war ein ungewöhnlich gewissenhafter Mann. Als dieser nach Vollendung des neunzigsten Lebensjahres von seinem Amt als Prokurator durch Caligula entbunden worden war, ohne daß er darum gebeten hätte, ließ er sich aufbahren und wie einen Toten von seinem Gesinde, das ihn umstand, beklagen. Da bejammerte das ganze Haus den Ruhestand seines greisen Herrn und beendete die Trauer erst dann, als ihm sein aufreibendes Amt zurückgegeben war. Ist's eine solche Freude, in Dienst zu sterben?« (20, 3)

Insgesamt kann Senecas Kritik einer vergeudeten Lebenszeit durchaus überzeugen. Vielen fällt es schwer, innerlich zur Ruhe zu kommen und sich von ihrer aufgezwungenen, verinnerlichten Geschäftigkeit zu befreien. Allerdings erscheint Senecas Aufforderung, »die Wahrheit« oder »das Ewige« zu erkennen, in unserer Zeit nur für wenige fassbar. Der sprichwörtliche »stoische Weise« als besonnener, selbstbeherrschter Mensch dagegen ist besser vorstellbar und kann deshalb noch immer ein Vorbild sein. Senecas Beispiele können zudem dazu anregen, sich zu überlegen, was ein sinnvoller Zeitgebrauch wäre. Diese Lebensgestaltung müsste man bereits als junger Mensch einüben, um im Alter nicht die endlich gewonnene Muße oder freie Zeit als Last zu empfinden. Viele freuen sich bereits früh auf den Ruhestand und wissen genau, was sie dann alles machen können. Wenn es so weit ist, fallen sie jedoch häufig in das berüchtigte »Rentnerloch« und langweilen sich. Auch Seneca sieht die Schwierigkeit einer endgültigen Antwort, was eine sinnvolle Nutzung der Lebenszeit sein könnte: »So viele große Männer haben alles, was sie abhielt, hinter sich gelassen, indem sie dem Reichtum, den Verpflichtungen, den Vergnügungen entsagten und sich bis ans Ende ihres Lebens darum bemühten, mit Verstand zu leben. In ihrer Mehrheit aber schieden sie mit dem Geständnis aus dem Leben, sie könnten es noch nicht. Wie sollten sich dann diese Durchschnittsmenschen darauf verstehen!« (7,4) Statt aber angesichts einer unerreichbaren endgültigen Antwort zu resignieren, kann man versuchen, Kriterien zu entwickeln, wie ein menschenwürdiges oder gutes Leben aussehen könnte (Text 14).

# Verlust und Gewinn

## 4. Wie der alte Kephalos bei PLATON die Bedeutung von Lust, Reichtum und Gerechtigkeit im Alter einschätzt

Wir gingen nun also zu Polemarchos ins Haus und trafen dort Lysias und Euthydemos, die beiden Brüder des Polemarchos, und dann auch Thrasymachos aus Chalkedon und Charmantides aus dem Demos Paiania und Kleitophon, den Sohn des Aristonymos. Auch Polemarchos' Vater Kephalos war in dem Gemach. Der kam mir recht alt vor, hatte ich ihn doch schon lange nicht mehr gesehen. Er saß auf einem Sessel mit einem Kopfpolster und trug einen Kranz auf dem Haupt, weil er eben im Hofe geopfert hatte. Wir setzten uns also neben ihn; denn es standen dort einige Stühle im Kreise herum.

Sobald mich nun Kephalos erblickte, begrüßte er mich und sagte: »Sokrates, du kommst aber auch gar nicht oft zu uns in den Peiraieus hinab. Und doch solltest du das tun. Wäre ich noch bei Kräften und könnte ohne Mühe in die Stadt hinaufgehen, dann brauchtest du ja nicht hierher zu kommen, sondern wir kämen zu dir. So aber solltest du eben öfter zu uns kommen; denn daß du's nur weißt: je mehr mir die leiblichen Genüsse verblassen, desto größere Lust und Freude habe ich an Gesprächen. Darum tu uns den Gefallen: verkehre nicht nur mit diesen jungen Leuten, sondern komme doch auch zu uns als deinen Freunden und guten Bekannten.«

Auch ich, Kephalos, erwiderte ich, unterhalte mich ja wirklich gern mit ganz alten Leuten. Sind sie uns doch gewissermaßen auf einem Weg vorangegangen, den vielleicht auch wir gehen müssen, und darum, glaube ich, sollten wir sie danach fragen, wie dieser Weg wohl ist, ob rauh oder schwierig oder leicht und gangbar. Und da du ja nun schon in diesen Jahren bist, möchte ich gerne von dir hören, was du von dem hältst, was die Dichter »auf der Schwelle des Alters« nennen, ob das der beschwerliche Teil des Lebens ist, oder wie du es sonst bezeichnest.

»Beim Zeus«, gab er zurück, »ich will dir sagen, Sokrates, was ich davon halte. Hin und wieder kommen wir, unser paar Männer fast des gleichen Alters, zusammen – und bestätigen damit das alte Sprichwort. Bei diesen Zusammenkünften jammern dann die meisten von uns; sie sehnen sich nach den Freuden der Jugend zurück, in Erinnerung an ihre Liebeserlebnisse, an die Trinkgelage und Bankette, und was sonst noch dazu gehört. Und sind verdrießlich, wie wenn sie etwas Wichtiges eingebüßt hätten. ›Ja, damals haben wir noch so richtig gelebt‹, sagen sie; ›aber das heute ist überhaupt kein Leben mehr.‹ Einige beklagen sich, sie würden ihres hohen Alters wegen von ihren Angehörigen schlecht behandelt, und deshalb singen sie ihr Klagelied vom Alter als der Ursache dieser Übel. Ich glaube aber, Sokrates, daß sie damit nicht die wirkliche Ursache treffen. Denn wäre wirklich das der Grund, dann hätte ja auch ich, mit meinem Alter, das erleben müssen, und auch alle anderen, die so alt geworden sind. Nun bin ich aber schon Männern begegnet, denen es nicht so ging. Vor allem kam ich einmal mit dem Dichter Sophokles zusammen, als ihm jemand die Frage stellte: ›Wie steht es bei dir mit der Liebe, Sophokles? Bist du noch imstande, einem Weibe beizuwohnen?‹ – ›Still doch, Mensch‹, gab er zur Antwort. ›Mit der größten Freude bin ich dem entronnen, als wäre ich von einem wütenden und wilden Herrn losgekommen.‹ Das schien mir schon damals eine sehr treffende Antwort, und heute nicht minder; denn in dieser Beziehung hat man im Alter gänzlich Ruhe und völlige Freiheit. Wenn die Begierden ihre Heftigkeit verlieren und nachlassen, dann tritt in vollem Maße das ein, was Sophokles sagt: man ist von vielen rasenden Herren befreit. Nein, an diesen Übeln und auch an den Schwierigkeiten mit den Angehörigen ist nur eine Ursache schuld: nicht das Alter, Sokrates, sondern der Charakter der Menschen. Sind sie nämlich in guter Verfassung und zufrieden, dann ist auch das Alter nur eine mäßige Last; im anderen Fall, Sokrates, ist einem solchen Menschen beides beschwerlich, das Alter und die Jugend.«

Ich freute mich über seine Worte und wünschte, er würde fortfahren. Um ihn anzuregen, sagte ich deshalb: Kephalos, ich glaube, die meisten stimmen dir nicht zu, wenn du so sprichst; sie sind vielmehr der Ansicht, daß du das Alter nicht wegen deines Charakters so leicht erträgst, sondern weil du ein großes Vermögen besitzest. Man behauptet nämlich, die Reichen fänden manchen Trost.

»Das ist wahr«, entgegnete er; »sie stimmen in der Tat

nicht zu. Und sie haben auch ein bißchen recht dabei, freilich nicht in dem Maß, wie sie glauben. Hingegen hat es seine Richtigkeit mit dem Ausspruch des Themistokles: als ihn jener Seriphier beleidigte und ihm sagte, er verdanke seine Berühmtheit nicht seinen Verdiensten, sondern der Stadt, da gab er ihm zur Antwort: ›Freilich, wenn ich aus Seriphos käme, wäre ich nicht berühmt; du aber wärest es auch nicht, wenn du ein Athener wärest.‹ Dieses Wort paßt denn auch gut auf die Menschen, die nicht reich sind und das Alter schwer ertragen. Auch der anständig Denkende wird das Alter nicht eben leicht ertragen, wenn noch Armut dazukommt; wer aber nicht so denkt, wird auch nicht zufrieden sein, wenn er reich ist.«

Hast du denn dein Vermögen in der Hauptsache geerbt, Kephalos, fragte ich, oder hast du es selbst erworben?

»Was soll ich denn schon erworben haben, Sokrates? Mit meinem Besitz stehe ich etwa in der Mitte zwischen meinem Großvater und dem Vater. Der Großvater – er hieß gleich wie ich – erbte ein Vermögen, etwa von der Größe, wie ich es jetzt besitze, und vermehrte es um ein Vielfaches. Mein Vater Lysanias dagegen ließ es noch kleiner werden, als es jetzt ist. Ich aber bin zufrieden, wenn ich meinen Söhnen da nicht weniger hinterlasse, sondern eher etwas mehr, als ich erhalten habe.«

Ich stellte dir die Frage deshalb, fuhr ich fort, weil ich den Eindruck hatte, daß du dir nicht eben viel aus dem Gelde machest. Das ist aber meistens bei denen der Fall, die es nicht selbst erworben haben. Wer es selbst erwerben mußte, der schätzt es doppelt so hoch wie die anderen. Wie die Dichter ihre Werke und wie die Väter ihre Kinder lieben, so ereifern sich die, die ein Vermögen gemacht haben, für ihr Geld, weil es eben ihr Werk ist, außerdem aber auch, wie die anderen Leute, seines Nutzens wegen. Es ist darum recht schwierig, mit ihnen zu verkehren, weil sie von nichts anderem reden wollen als von ihrem Reichtum.

»Du hast recht«, sagte er.

Ja, gewiß, antwortete ich; doch sage mir noch folgendes: was ist das größte Gut, in dessen Genuß du nach deiner Meinung durch den Besitz deines großen Vermögens gekommen bist?

»Das ist etwas«, erwiderte er, »wovon ich vielleicht nicht manchen überzeugen kann. Denn daß du's nur weißt, Sokrates: wenn einer glaubt, daß er bald sterben müsse, dann befällt ihn Furcht und Sorge über Dinge, die ihn vorher nicht berührten. Die Mythen, die man über das Leben im Hades erzählt: daß der, der hier Unrecht getan hat, dort büßen müsse – all diese Geschichten, über die wir bisher gelacht haben, beunruhigen jetzt seine Seele mit der Frage, ob sie nicht doch etwa wahr seien. Man hat nun ein schärferes Auge für diese Dinge, sei es aus Altersschwäche, oder auch, weil man dem Jenseits nähergerückt ist. Da wird man erfüllt von Zweifel und Furcht und beginnt zu überlegen und sich zu prüfen, ob man jemandem ein Unrecht getan hat. Entdeckt man nun in seinem Leben eine Menge Ungerechtigkeiten, so schreckt man wie die Kinder manchmal aus seinem Schlaf auf und bekommt Angst und lebt in schlimmen Vorahnungen; wer sich dagegen keines Unrechtes bewußt ist, der ist immer voll süßer Hoffnung, der guten ›Pflegerin des Alters‹, wie Pindar sie nennt; denn gar feinsinnig, Sokrates, hat er gesagt: Wer ein gerechtes und heiliges Leben geführt, den

begleitet süße Hoffnung,
die Pflegerin des Alters, und erfreut ihm
das Herz; sie leitet zuvörderst der Menschen
wankelmütigen Sinn.

Wahrhaft wunderbar sagt er das. Und ich füge bei, daß darin der größte Wert des Reichtums liegt – nicht für jedermann, aber für den anständig Denkenden. Denn daß er niemanden betrügt und belügt, nicht einmal unabsichtlich, und daß er weder einem Gott ein Opfer noch einem Menschen Geld schuldig bleibt und deshalb ohne Furcht ins Jenseits geht: dazu trägt zu einem großen Teil der Reichtum bei. Er bietet freilich auch sonst viele Vorteile; doch eins gegen das andere abgewogen, möchte ich doch darin den größten Nutzen sehen, Sokrates, den der Reichtum einem einsichtigen Manne bringt.«

Das sagst du sehr schön, Kephalos, erwiderte ich. Doch was nun eben diesen Punkt, die *Gerechtigkeit* betrifft: sollen wir behaupten, sie bestehe einfach nur darin, daß man die Wahrheit sagt und daß man das wieder zurückgibt, was man von jemandem empfangen hat? Oder ist gerade auch das manchmal gerecht und manchmal wieder ungerecht? Wenn zum Beispiel jemand von einem Freunde, der bei gutem Verstande ist, Waffen in Verwahrung genommen hat und wenn dann dieser wahnsinnig wird und sie in solchem Zustande wieder zurückverlangt – da wird doch jeder zugeben, daß er sie ihm nicht wieder ausliefern darf und daß es von ihm nicht gerecht wäre, wenn er sie zurückgäbe, und ebensowenig, wenn er einem Menschen, der in diesem Zustande ist, die volle Wahrheit sagen wollte.

»Du hast recht«, sagte er.

Dann ist also dies nicht die richtige Bestimmung des Begriffes Gerechtigkeit: daß man die Wahrheit sagen und das, was man empfangen hat, wieder zurückgeben soll.

»Doch, Sokrates, das ist gewiß so«, nahm Polemarchos das Wort, »sofern man wenigstens dem Simonides recht geben darf.«

»Nun gut«, sagte Kephalos, »ich überlasse euch das Gespräch; ich muß jetzt nämlich nach dem Opfer sehen.«

So kann also Polemarchos deinen Anteil am Gespräch erben, sagte ich.

»Ja«, erwiderte er lachend, und damit ging er hinaus zum Opfer.

Der Text steht am Anfang von Platons Hauptwerk, dem *Staat*. Platon (427–347 v. Chr.) stammte aus einer der angesehensten aristokratischen Familien Athens. Obwohl ihm wegen seiner Herkunft eine hervorragende politische Laufbahn offenstand, schlug er sie aus. Stattdessen beschäftigte er sich mit philosophischen Grundfragen, um die Erziehung der Jugend neu zu begründen und mit Hilfe seiner Akademie, der ersten Universität Europas, die Politik verbessern zu können.

Aus Platons Sicht befand sich Athen zu seiner Zeit in einer dramatischen Krisensituation. Die Götter Homers galten schon lange nicht mehr als Vorbilder, sondern wurden seit Xenophanes als Projektionen der Menschen kritisiert. Durch Kriege und ausgedehnten Handel hatten die Griechen erfahren, dass andere Länder andere Sitten haben. Tugenden wie Gerechtigkeit, Tapferkeit oder Besonnenheit schienen beliebige Konventionen, aber keine von den Göttern gegebenen, ewig gültigen Normen mehr zu sein. Athens Vormachtstellung in Griechenland war durch den verlustreichen Peloponnesischen Krieg gegen Sparta verloren gegangen, in Athen selbst bekämpften die Parteien einander und waren nicht auf das Gemeinwohl der Polis, sondern auf ihre Einzelinteressen bedacht.

Mit den Sophisten entstand der neue Beruf des bezahlten Lehrers, der den Anspruch erhob, die Jugend allein durch Fachkompetenz und Rhetorik zu einer glücklichen und gerechten Lebensführung erziehen zu können. Hinzu kommt die Auffassung von der Relativität aller Werte. Protagoras (485–415 v. Chr.), einer der prominentesten Sophisten, bezeichnete den einzelnen Menschen als den Maßstab von allem. Der Nutzen des Einzelnen war für Sophisten wie Protagoras das oberste Handlungsprinzip. Das Vorbild Platons dagegen war sein Lehrer Sokrates (469–399 v. Chr.), nach dem allgemeingültige Normen das Handeln zu bestimmen haben. Sokrates verwickelte seine Mitbürger, darunter junge Leute wie seinen Schüler Platon, in einen Dialog, in dem sie Rechenschaft abgeben mussten, ob sie sich in den Grundwerten wie Tapferkeit, Besonnenheit oder Gerechtigkeit wirklich auskannten. Dabei blamierten sie sich regelmäßig und wurden von Sokrates zum Weiterdenken aufgefordert. Wie Platon im Dialog *Menon* zeigte, kam es Sokrates darauf an, die Menschen von einem unklaren, unbegründeten Meinen zu wirklichem Wissen zu führen. Nicht der einzelne Mensch mit seinen subjektiven Eindrücken und Urteilen, sondern die objektive Wahrheit der Ideen sei maßgeblich für das Denken und Handeln. Was die Ideen jedoch bedeuten und wie sie zu erkennen sind, ist seit Platon, wie er besonders in seinem Werk *Parmenides* selber zeigt, bis heute umstritten. Immerhin hat Platon oder der platonische Sokrates das Bemühen um philosophische Klarheit und Begründungen in Gang gebracht.[51]

Sokrates war mit Glaukon, dem Bruder Platons, von Athen in den Hafen Piräus gegangen, um sich dort einen Festzug zu Ehren einer Göttin anzuschauen. Als er gerade nach Athen zurückkehren wollte, erblickt ihn Polemarchos, der Sohn des Kephalos, und lädt ihn zu einem Besuch zu sich nach Hause ein. Sokrates willigte ein und traf dort mehrere Personen an, unter anderen den wohlhabenden und angesehenen Kephalos sowie den Sophisten Thrasymachos. Auf die Bitte des alten Kephalos, häufiger aus der Stadt zu ihm und seinen Freunden herunter in den Hafen zu kommen, da ihnen selber wegen ihres Alters der Weg hinauf in die Stadt zu beschwerlich werde, erwidert Sokrates: »Auch ich, Kephalos, unterhalte mich (*dialegomenos*) ja wirklich gern mit ganz alten Leuten.« Als Grund nennt er: »Sie sind uns doch gewissermaßen auf einem Weg vorangegangen, den vielleicht auch wir gehen müssen.« Sokrates schätzt die Lebenserfahrung alter Menschen. Daher fragt er Kephalos, ob das Alter »der beschwerliche Teil des Lebens« sei. Entgegen der üblichen Meinung seiner Altersgenossen ist für Kephalos das Alter keineswegs beschwerlich. Er spricht vielmehr ein Lob des Alters aus. Die meisten seiner Freunde jammerten über das Alter, da sie nicht mehr zu den »Freuden der Jugend«, vor allem nicht mehr zur Sexualität (*aphrodisia*), fähig seien, außerdem würden sie von ihren Angehörigen schlecht behandelt. Kephalos und seine Freunde ziehen unterschiedliche Schlüsse aus ihrer Lebenserfahrung. Die nachlassende Sexualität und Sinneslust sowie die Respektlosigkeit der Angehörigen führt Kephalos in erster Linie nicht auf das Alter zurück, sondern auf den »Charakter der Menschen. Sind sie nämlich in guter Verfassung (*kosmioi*) und zufrieden, dann ist auch das Alter nur eine mäßige Last, im anderen Fall, Sokrates, ist einem solchen Menschen beides beschwerlich, das Alter und die Jugend.« Wer sich von Jugend an, so ist Kephalos überzeugt, um einen guten Charakter bemüht, lässt sich auch im Alter nicht von maßlosen Begierden leiten und gewinnt durch sein vorbildliches Verhalten den Respekt der anderen.

Nicht das Nachlassen der Sexualität im Alter und auch nicht die abnehmende Achtung der anderen, sondern die allgemein zu beobachtende Maßlosigkeit ist nach Kephalos das zentrale Problem, egal ob für junge oder alte Menschen. Die folgenden Bücher des *Staates* handeln von der Frage, worin die »gute Verfassung« des menschlichen Lebens und des Staates besteht. Wenn Kephalos von der »guten Verfassung« oder der »Ordnung« des Charakters spricht (*kosmioi,* von griech. *kosmos*, Ordnung), lässt ihn Platon damit eine grundlegende Überzeugung ausdrücken, wenn auch nur recht andeutungsweise. Die Begierden und die Sexualität müssen nach ihm nicht etwa, wie das Sophokles-Zitat missverstanden werden könnte, unterdrückt, sondern mit Hilfe der Vernunft und des Willens in die rechte Ordnung gebracht werden. Die rechte Ordnung zu erkennen sowie in seinem eigenen Leben und in der Polis zur Geltung zu bringen, ist Aufgabe des Weisen. Dass hierfür auch materielle Güter oder »Reichtum« wichtig sind, gibt Kephalos auf Nachfrage des Sokrates zu. Wer genug Geld habe, komme weniger in Versuchung, Unrecht gegenüber den Göttern und Menschen zu tun. Entscheidend für ein gerechtes Leben sei aber nicht der Reichtum, sondern der Charakter. Ähnlich sei ein Athener als Bewohner einer reichen, mächtigen Stadt nicht automatisch berühmt, erst recht nicht ein Seriphier, der ursprünglich von der kleinen, verspotteten Insel Seriphos stammt und dann zufällig im reichen, mächtigen Athen lebt. Nicht auf das Äußere, sondern auf den inneren Wert eines Menschen kommt es nach Platon an.

Die Frage, ob man selber ein gerechtes Leben geführt habe, kommt einem nach Kephalos gerade im Alter in den Sinn, wenn man Rückblick auf sein Leben nimmt und an das von den Mythen erzählte Jenseitsgericht denkt. Ein »gerechtes Leben« oder Gerechtigkeit aber bedeuten, wie Sokrates Kephalos' Antwort zusammenfasst, »die Wahrheit sagen und das, was man empfangen hat, wieder zurückgeben«. Diese Auffassung kritisiert Sokrates allerdings nach seiner bekannten Art. Gegen den zweiten Teil der Definition, »zurückgeben, was man von jemandem empfangen hat«, führt er als wichtigstes Gegenbeispiel an, dass man doch einem Wahnsinnigen nicht die von ihm ausgeliehenen Waffen zurückgebe. Man kann aber leicht sehen, dass Gegenbeispiele zwar die Allgemeingültigkeit der Behauptungen erschüttern, diese dadurch alleine aber nicht ganz entkräftet werden können. Normalerweise ist es nämlich durchaus angebracht, etwas zurückzugeben, was man von einem anderen bekommen hat. Auch Kephalos lässt sich in seiner Überzeugung nicht erschüttern. Er will lieber seine Opfergaben darbringen (und damit den Göttern zurückgeben, was sie ihm an Leben, Reichtum und Charakteranlage verliehen haben), als mit Sokrates weiter über die Gerechtigkeit zu diskutieren. Er überlässt das Gespräch als »Haupt« der Familie (von griech. *kephale*, Haupt, Kopf) daher seinem Sohn und Erben Polemarchos. Dieser ist im Folgenden, wie sein Name wörtlich zu verstehen ist, »Anführer des Kampfes« um Worte. In seinem gelassenen Alter ist Kephalos nicht bereit, über seine Weisheit unnötige Worte zu verlieren. Und vielleicht ist er rhetorisch oder argumentativ einfach nicht gewandt genug.

Im anschließenden Wortwechsel kann Polemarchos die Definition von Gerechtigkeit seines Vaters Kephalos aber ebenfalls nicht verteidigen. Sokrates erweist sich als der geschicktere Denker nach Art der Sophisten und ist ihm im Kampf um Worte überlegen. Die Überlegenheit im Wortstreit bedeutet allerdings nicht, dass man auch die besser begründete Überzeugung hat. Im gesamten Dialogverlauf des *Staates* wird vielmehr sichtbar, dass die von Kephalos bloß angedeutete Definition eines gerechten Lebens durchaus vertretbar ist, auch wenn sie genauer gefasst werden müsste, als es Kephalos selber konnte. Was ein gerechtes Leben ist, kann man aus den Erfahrungen mit Egoismus und Habgier wissen, die man, wie Kephalos, vor allem im Alter gesammelt hat. Ein zufriedenstellendes Zusammenleben in der Polis und im Alltagsleben des Einzelnen ist nicht dauerhaft möglich, wenn Einzelinteressen die Oberhand gewinnen. Vielmehr müssen der vernünftige, mutige und begehrliche »Seelenteil«, wie Platon unterscheidet, und die entsprechenden »Stände« im Staat, der Lehr-, Wehr- und Nährstand, ihre jeweilige Aufgabe erfüllen. Ein gerechtes Leben des Einzelnen und der Polis bedeutet nach Platons Definition, dass »jeder das Seine tut«. Die vernünftige Überlegung muss im Einzelnen und in der Polis die Ziele bestimmen, der tapfere Wille muss sich durchsetzen und die zügellosen Begierden müssen sich beidem unterordnen. Wenn in dieser Weise jeder das Seine tut, kommt die richtige Ordnung (*kosmos*) in der Seele des Einzelnen und in der Polis zustande. Mit diesen Überlegungen fasst Platon die allgemeine Struktur oder die Idee von Gerechtigkeit zusammen. Dass es im Einzelfall zusätzlich auf eine genaue Situationsanalyse und Urteilskraft entscheidend ankommt, betont er in seinem Dialog *Der Staatsmann* (*Politikos*). Erst recht wird sein Schüler Aristoteles in seiner Kritik am allgemeinen »Ideenwissen« nicht müde, darauf hinzuweisen.

Ähnlich wie im weiteren Verlauf des *Staates* lässt sich auch die bloß angedeutete Vorstellung des Kephalos von Gerechtigkeit verstehen. Nur wenn sich alle an der Wahrheit orientieren und sich nicht wechselseitig betrügen, und nur wenn außerdem keiner für sich mehr beansprucht, als ihm zusteht, sondern empfangene Güter zurückgibt, ist Gerechtigkeit möglich. Eine solche Überzeugung kann auch nicht durch das provokative Gegenbeispiel des Sokrates widerlegt werden, dass man in bestimmten Situationen jemandem etwas nicht zurückgeben sollte und ihn vielleicht auch, wie man ergänzen kann, belügen darf oder soll. Kephalos denkt bei seiner Definition an einen grundsätzlichen Interessenausgleich im Sinne der »rechten Ordnung«, nicht an bestimmte Ausnahmesituationen. Während sich Kephalos mit seiner von ihm gelebten Altersweisheit fraglos zufriedengeben kann und sich lediglich gegen die undurchdachten Vorurteile seiner Altersgenossen behaupten muss, haben die Jüngeren, wie sein Sohn Polemarchos oder Sokrates, einen schwereren Stand. Sie können sich bei ihrer Auffassung von Gerechtigkeit nicht auf die Erfahrung einer Altersweisheit berufen, sondern müssen sich in der Auseinandersetzung mit der Zeitströmung der Sophistik behaupten, wie Sokrates es anschließend im *Staat* im Wortstreit mit Thrasymachos tut. In dieser Auseinandersetzung ist die von den Sophisten ausgeübte und gelehrte begriffliche und argumentative Technik zweifellos notwendig, sie ist aber nicht ausreichend. Hinzukommen muss vielmehr die Erfahrung und das Bemühen um wahre Einsicht. In diesem Sinne bedeutet Philosophie »Streben nach Weisheit« und nicht Eristik als »Kampf um Worte«. Auch Kephalos muss sein Lob des Alters gegen seine Freunde verteidigen und kann es nicht als selbstverständlich behaupten. Ebenso hat Platon seine Vorstellung der »guten Verfassung« auf Erfahrung und Einsicht gegründet, sie aber zusätzlich durch Begriffe und Argumente verdeutlicht und abgesichert.

Die von Platon vertretene Bedeutung von Lust, Reichtum und Gerechtigkeit für die »gute Verfassung« im Alter und im Leben insgesamt ist allerdings bis heute umstritten. Platon hat die Grundpositionen in dieser Auseinandersetzung vorgezeichnet. Heute haben die Rolle der Sophisten die Kulturrelativisten (andere Länder, andere Sitten), die Sozialdarwinisten (der von Natur aus Stärkste setzt sich durch) und die Machtzyniker (nicht Argumente, sondern nur Mehrheiten zählen) übernommen. Die humanistische Überzeugung von einem menschenwürdigen und guten Leben insgesamt und auch im Alter lässt sich aber weiterhin gegen die Überzeugung von einer »Wolfsgemeinschaft« verteidigen (siehe Einleitung, Text 14).

## 5. Wozu man im Alter nach Cicero geistig und körperlich fähig ist

Bei umfassender Betrachtung des Problems komme ich nämlich auf vier Gründe, aus denen man das Alter für ein Unglück hält: Erstens, weil es uns in zunehmendem Maße verwehrte, Großes zu leisten; zweitens, weil es den Körper entkräfte; drittens, weil es uns fast jede Sinnenfreude nehme, und viertens, weil es dem Tod nahe sei. Die Bedeutung und Berechtigung eines jeden dieser Gründe wollen wir nun, wenn es euch recht ist, untersuchen.

Das Alter verwehrt uns die Tätigkeit. Welche denn? Die etwa, die jugendliche Kraft erfordert? Gibt es also im Alter keine Leistungen, die trotz körperlicher Schwäche mit der Kraft des Geistes erzielt werden können? [...]

Wer so etwas behauptet, der tut gerade so, als wollte er sagen, ein Steuermann sei auf der Seefahrt untätig; die einen kletterten auf die Masten, andere eilten in den Schiffsgängen hin und her, wieder andere schöpften das Wasser aus – der Steuermann aber halte nur das Steuer und sitze ungestört auf dem Achterdeck. Freilich arbeitet er nicht wie die Jungen, aber das, was er tut, ist weit wichtiger und wertvoller. Bei großer Leistung kommt es nicht auf Kraft, Behendigkeit oder Schnelligkeit des Körpers an, sondern darauf, daß man klug ist, Ansehen genießt und etwas zu sagen hat: Vorzüge, die man im Alter nicht nur nicht einbüßt, sondern gewöhnlich sogar in zunehmendem Maße hat. Es müßte denn sein, daß ich selbst, der ich als gemeiner Soldat, als Tribun, als Legat und als Konsul die verschiedensten Kriege mitmachte, jetzt, da ich keine Kriege mehr führe, in euren Augen Feierabend habe. Im Gegenteil: Ich schärfe dem Senat ein, welche Kriege es zu führen gilt und mit welcher Taktik, indem ich gegen Karthago, das schon lange auf unser Verderben sinnt, längst den Krieg propagiere; es wird mir so lange Sorgen machen, bis ich weiß, daß es zerstört ist. [...]

Aber das Gedächtnis läßt nach. Das dürfte stimmen, wenn man es nicht übt, oder auch, wenn man von Natur aus ein Schwachkopf ist. Themistokles kannte alle seine Mitbürger mit Namen. Glaubt ihr nun etwa, er habe in vorgerücktem Alter einen Aristeides als »Lysimachos« begrüßt? Ich für meine Person kenne nicht nur die jetzt lebenden Mitbürger, sondern auch die Namen ihrer Väter und Großväter; und ich habe nicht Angst, durch das Lesen der Grabschriften, wie man behauptet, die Leute aus dem Gedächtnis zu verlieren. Denn gerade durch das Lesen dieser Inschriften kommen mir die Toten wieder in Erinnerung. Auch habe ich noch nie gehört, daß ein alter Mann den Platz vergessen hätte, an dem er einen Schatz vergraben hatte; alte Leute wissen alles, worum sie sich Sorgen machen: anberaumte Gerichtstermine, ihre Schuldner und ihre Gläubiger.

Wie steht es nun im hohen Alter mit den Rechtsgelehrten, wie mit den Oberpriestern, den Auguren, den Philosophen? Wie vieles haben sie im Gedächtnis! Nur eifriges Interesse braucht weiterzuwirken, dann bleiben die Geisteskräfte im Alter erhalten, und zwar nicht nur bei berühmten Männern, die auf hohe Staatsämter zurückblicken können, sondern auch bei denen, die ein stilles, ruhiges Privatleben führen. Sophokles hat bis ins höchste Alter Tragödien geschrieben; sein Eifer darin erweckte den Anschein, als kümmere er sich um sein Hauswesen überhaupt nicht mehr; daher brachten ihn seine Söhne vor Gericht: Die Richter sollten ihm wegen Schwachsinns die Verfügungsgewalt über sein Vermögen entziehen – so wie auch bei uns einem Vater, der schlecht wirtschaftet, die Vermögensverwaltung abgesprochen zu werden pflegt. Da hat nun, wie es heißt, der greise Dichter die Tragödie, die er gerade in Händen hielt und kurz vorher verfaßt hatte, seinen *Oidipus auf Kolonos*, den Richtern vorgelesen und dann die Frage gestellt, ob diese Dichtung nach ihrer Ansicht von einem Schwachsinnigen stamme. Auf die Rezitation hin erkannten die Richter auf Freispruch.

Hat also etwa das Alter diesen Mann, hat es einen Homer, einen Hesiod, einen Simonides, einen Stesichoros, hat es die oben genannten Männer Isokrates und Gorgias, hat es die führenden Philosophen, einen Pythagoras, einen Demokrit, einen Platon, einen Xenokrates, hat es etwa die späteren, einen Zenon, einen Kleanthes, oder den Stoiker Diogenes, den auch ihr noch in Rom gesehen habt, gezwungen, in ihren eifrigen Interessen und Bestrebungen zu verstummen? Dauerte nicht bei all diesen Persönlichkeiten der wissenschaftliche und künstlerische Eifer so lange wie ihr Leben?

Doch, um von diesen höheren Studien jetzt gar nicht mehr zu reden: Ich kann euch auch die Namen einiger römischer Bauern aus dem Sabinerlande sagen, die mir als Nachbarn befreundet sind: Sie sind fast immer persönlich dabei, wenn eine wichtigere Arbeit auf dem Felde geschieht, ganz gleich, ob es sich um Saat, Ernte oder Lagerung des Ertrages handelt. [...]

Und ich vermisse auch heute noch nicht die Kraft der Jugend – dies nämlich war der zweite Punkt in der Reihe der »Nachteile« des Alters – so wenig wie ich als Junger die Stärke eines Stiers oder eines Elefanten hätte haben wollen. An das Vorhandene soll man sich halten und alles, was man tut, nach Maßgabe seiner Kräfte tun. Welche Worte könnten lächerlicher sein als die Äußerung des Milon aus Kroton? Er soll als ein schon bejahrter Mann, als er den Wettkämpfern beim Training im Stadion zusah, auf seine Arme geblickt und unter Tränen gesagt haben: »Ach, die sind ja schon tot!« Nicht so sehr deine Arme, weit eher du selbst, eitler Schwätzer! Denn deinen Ruhm hattest du nie dir selbst, sondern immer nur deiner starken Brust und deinen Armen zu verdanken! [...]

Nein – man braucht seine Kräfte nur im richtigen Maße einzuteilen und sich nur soviel anzustrengen, wie man vermag: Dann wird man wahrlich kein starkes Bedürfnis nach mehr Kräften verspüren. Zu Olympia soll Milon mit einem Rind auf den Schultern durch die Rennbahn gegangen sein. Möchtest du dir deswegen etwa die Körperstärke dieses Milon lieber wünschen als die Geisteskraft eines Pythagoras? Kurz: Gebrauche dieses Naturgeschenk, solange du es hast; hast du es dann nicht mehr, dann sollst du es auch nicht zurückersehnen – es müßte denn sein, daß man es seinem Alter schuldig wäre, als Jüngling die Kindheit, als Älterer dann die Jugend zurückzuwünschen. Das Leben hat jedoch seinen ganz bestimmten Ablauf, und der Weg der Natur ist nur einer, und zwar ein gerader. Jedes Lebensalter hat infolge der zeitlichen Entwicklung seinen eigenen Charakter; die Schwäche des Kindes, das Draufgängerische des jungen Mannes, der Ernst in bereits gesetzterem Alter und die Reife des hohen Alters haben etwas Naturgemäßes, das man zur rechten Zeit erkennen muß. Ich nehme doch an, mein Scipio, daß du schon gehört hast, wie es Masinissa, der Gastfreund deines Großvaters, heute noch, mit seinen neunzig Jahren, zu halten pflegt: Wenn er einen Fußmarsch angetreten hat, besteigt er nie ein Pferd; ist er aber zu Pferd aufgebrochen, so steigt er nie ab; kein Platzregen, keine Kälte kann ihn dazu bringen, sein Haupt zu bedecken; körperlich ist er absolut kerngesund und so kann er allen Pflichten und Aufgaben eines Königs nachkommen. Es kann also Übung und Mäßigung auch im hohen Alter etwas von der früheren Kraft bewahren.

Gesetzt aber auch, man hätte im hohen Alter keine körperliche Stärke mehr: Man verlangt sie ja auch von einem alten Menschen nicht. Daher ist das Alter, in dem ich jetzt stehe, nach Gesetz und Herkommen von den Aufgaben befreit, deren Bewältigung Körperkraft voraussetzt. Man verlangt von uns Alten nicht einmal soviel, als unsere Kräfte noch vermöchten, geschweige denn, daß man uns zu einer Kraftanstrengung nötigte, deren wir nicht mehr fähig wären.

Aber – könnte man sagen – es gibt doch viele alte Menschen, die so gebrechlich sind, daß sie keiner Aufgabe ihres Berufs oder überhaupt des Lebens mehr nachkommen können. Jedoch: Dieses Übel geht nicht eigentlich zu Lasten des Alters; es ist allgemeiner Natur und hängt mit dem Gesundheitszustand des Menschen zusammen. Wie schwächlich war zum Beispiel ein Sohn des Publius Africanus, der dich an Sohnesstatt angenommen hat, wie zart, oder vielmehr ein Nichts, war seine Gesundheit! Andernfalls wäre mit ihm noch einmal jener Stern unter den römischen Bürgern aufgegangen; denn abgesehen von der Geistesgröße seines Vaters besaß er eine noch reichere wissenschaftliche Bildung. Wie sollte es also bei Greisen, wenn sie wirklich einmal kraftlos sind, etwas Auffallendes sein, wenn nicht einmal junge Leute diesem Mangel aus dem Wege gehen können? Es heißt dem Altern entgegentreten, Laelius und Scipio, und seine Gebrechen durch Umsicht aufwiegen, gegen das Altern ankämpfen wie gegen eine Krankheit, nur der Gesundheit leben, Sport nur in bescheidenen Grenzen betreiben, und nur soviel essen und trinken, daß die Kräfte ersetzt, nicht aber unterdrückt werden.

Man soll jedoch nicht nur den Körper stärken, sondern noch viel mehr die Denkkraft, den Geist. Denn auch die

Geisteskräfte schwinden im hohen Alter, falls man nicht, wie bei einer Lampe, Öl nachträufelt. Körperlich wird man durch laufende Überanstrengung schwerfällig, der Geist aber wird nur dadurch frisch erhalten, daß man ihn betätigt. Denn mit den Greisen, die Caecilius als »lächerliche alte Trottel« bezeichnet, meinte er leichtgläubige, vergeßliche, energielose Menschen und denkt dabei an Fehler, die nicht den Alten schlechthin, sondern nur den untätigen, trägen und verschlafenen alten Menschen eigen sind. Frechheit und hemmungslose Leidenschaft gibt es mehr bei den Jungen als bei den Alten, und doch nicht bei allen Jungen, sondern nur bei den minderwertigen. Dementsprechend ist auch die sogenannte »senile Verblödung« – man sagt in einem solchen Fall: Er ist nicht mehr ganz richtig im Kopf – nicht bei allen alten Leuten festzustellen, sondern nur bei denen, die sich gehenlassen.

Vier kräftige Söhne, fünf Töchter, eine Menge Bediensteter und Klienten verstand Appius zu beherrschen, obwohl er nicht nur alt, sondern sogar blind war; er hielt eben seinen Geist stets angespannt wie einen Bogen, machte nie schlapp und ließ sich vom Alter nichts anhaben. Er behauptete nicht nur sein Ansehen, sondern auch die tatsächliche Herrschaft über seine Leute. Es fürchteten ihn die Sklaven, mit ehrfürchtiger Scheu begegneten ihm seine Kinder: alle aber hatten ihn lieb; in seinem Haus herrschte Zucht, und ihr zufolge die Sitte unserer Väter.

Achtunggebietend ist nämlich das Greisenalter nur dann, wenn ein alter Mensch sich selbst zu schützen weiß, wenn er sein Recht behauptet, wenn er sich keines anderen Gewalt verkauft, wenn er bis zum letzten Atemzug Herr ist über seine Leute. Denn wie ich den jungen Mann loben muß, der schon etwas von der Reife des Alters an sich hat, so gefällt mir auch ein alter Mensch, wenn er noch einen Rest jugendlicher Frische zeigt; wer dies zum Ziele hat, der kann wohl körperlich altern, geistig nie. [...]

Nun zum dritten Vorwurf, den man dem Alter macht: Daß es nämlich keine sinnliche Lust mehr zulasse. Was für ein herrliches Geschenk macht uns doch diese Altersstufe, wenn sie uns das nimmt, was der jungen Jahre verwerflichster Nachteil ist! Hört doch, ihr trefflichen jungen Männer, die alten Worte des Tarentiners Archytas, der mit an erster Stelle unter die großen, hervorragenden Männer zu rechnen ist. Sie wurden mir berichtet, als ich in jungen Jahren mit Quintus Maximus in Tarent weilte. Archytas behauptete, die Natur habe dem Menschen kein tödlicheres Gift eingeimpft als die Sinnlichkeit. Im Verlangen nach ihrem Genuß ließen sich die Leidenschaften zu hemmungsloser Blindheit treiben, um ihn zu bekommen. Es sei dies eine Quelle des Hochverrats, der Revolutionen und geheimer Unterhandlungen mit dem Feind; kurz: kein Verbrechen, keine Schandtat sei denkbar, die nicht durch die Begierde nach sinnlicher Lust veranlaßt werden könnte; Unzucht aber und Ehebruch und alle derartigen Schändlichkeiten seien auf keinen anderen Anreiz zurückzuführen als eben auf die Sinnlichkeit; einerseits habe die Natur oder irgendein Gott dem Menschen nichts Edleres geschenkt als den Verstand, andererseits sei aber die Sinnlichkeit der größte Feind dieses herrlichen Geschenkes der Götter; denn wo die Leidenschaft herrsche, sei Maßhalten nicht mehr möglich, und überhaupt könne im Reiche der Sinnenlust die Tugend keinen Platz mehr finden. Um dies noch deutlicher zu begreifen, stelle man sich einen Menschen vor, der unter dem Reiz der denkbar stärksten körperlichen Lust stehe; es werde wohl jeder zugeben müssen, daß dieser für die ganze Dauer dieser Sinnenfreude außerstande sei zu jeder überlegten Tätigkeit, aber auch zu jedem erfolgreichen Überlegen und Denken. Daher sei nichts so zu verabscheuen wie die sinnliche Lust, da sie ja, wenn sie übertrieben werde und zu lange andauere, den letzten Funken Geist ersticke. [...]

Wozu so lange Ausführungen über die Lust? Nun, weil es nicht nur kein Tadel, sondern sogar das schönste Lob des hohen Alters ist, daß es nach keinerlei Sinnenlust besonders stark verlangt. Es kennt keine Schmausereien, keinen überreich beladenen Tisch, keine wiederholt gefüllten Becher, demzufolge aber auch keine Trunkenheit, keine Verdauungsbeschwerden, keine schlaflosen Nächte. Nun muß man freilich dem Sinnengenuß einiges einräumen – können wir doch seiner Verlockung nur schwer widerstehen! Es ist ja von Platon wunderbar gesagt, wenn er die Lust einen »Köder des Bösen« nennt, weil sich die Menschen durch sie offensichtlich fangen ließen wie die Fische mit der Angel! Dazu ist zu sagen: Das Alter kann zwar keine unmäßigen Schmausereien mehr vertragen, aber doch an mäßigen Gastmählern Freude finden. Als Bub sah ich oft, wie der hochbetagte Gaius Duellius, der Sohn des Marcus, der als erster die Karthager in einer Seeschlacht besiegte, vom Abendessen nach Hause ging; er hatte dabei sein Vergnügen am Licht der Fackeln und am Flötenspieler, eine Begleitung, die er sich als Privatmann – ohne Vorbild – geleistet hatte; soviel Freiheit erlaubt ihm sein Ruhm.

Doch was rede ich von anderen? Ich will nunmehr wieder von mir erzählen: Anfänglich hatte ich immer Bruderschaftsgenossen in meiner Gesellschaft. Die Opferschmausbruderschaften sind ja unter meiner Quästur geschaffen worden, als der idäische Gottesdienst der Großen Mutter von uns Römern übernommen worden war. Ich speiste also gewöhnlich mit diesen Tischgenossen im ganzen mäßig, hatte aber doch noch einen Rest von jugendlichem Temperament; mit fortschreitendem Alter wird man aber im ganzen von Tag zu Tag ruhiger. Denn die Freude an den Gastmählern selbst bestand für mich weniger in körperlichem Vergnügen als vielmehr im Zusammensein mit meinen Freunden und den dabei geführten Gesprächen. Es war nämlich durchaus richtig, wenn unsere Vorfahren das Tischgelage mit Freunden, weil es eine gemeinsame Lebensgestaltung sei, ein »Zusammenleben« nannten; sie trafen damit die Sache besser als die Griechen, die das gleiche Geschehen teils »Zusammentrinken«, teils »Zusammenspeisen« nennen, so daß sie den Punkt, dem dabei am wenigsten Bedeutung zukommt, offenbar am meisten schätzen.

Mir aber macht es bei meiner Freude am Gespräch sogar Vergnügen, wenn Gastmähler schon recht früh beginnen – und nicht nur, wenn Altersgenossen da sind, von denen es nur noch ganz wenige gibt, sondern auch bei euch Jüngeren. Und ich habe meinem hohen Alter, das mir das Verlangen nach Unterhaltung stärkte, die Trink- und Eßlust dagegen nahm, von Herzen zu danken. Nun bereiten sicher auch diese Genüsse manchem Freude – ich will nämlich nicht den Anschein geben, als hätte ich der Sinnenlust, von der die Natur vielleicht wirklich ein gewisses Maß erlaubt, gänzlich den Kampf angesagt –, ich begreife allerdings nicht, daß das hohe Alter gerade bei diesen Genüssen keine Sinneswahrnehmung mehr haben soll. Mich jedenfalls erfreut das Amt des »Trinkkönigs«, das schon unsere Vorfahren als schönen Brauch eingeführt haben, mich erfreuen auch die Worte, die der Trinkkönig beim Antrinken nach Brauch der Väter spricht, ferner die kleinen und tröpfchenweise zu leerenden Becher, von denen Xenophon in seinem Symposion erzählt, weiterhin die Abkühlung im Sommer, sowie andererseits die Sonne oder das Herdfeuer im Winter; mit alledem richte ich mein Leben auf meinem sabinischen Landgut ein; täglich lade ich alle meine Nachbarn zu einem Mahl, das wir dann, so gut wir können, mit buntem Wechsel der Gesprächsthemen bis tief in die Nacht hinein ausdehnen.

»Aber es haben doch die Greise nicht mehr in so starkem Maße das prickelnde Verlangen nach sinnlicher Lust!« Ich glaube es – aber sie haben auch keine Sehnsucht danach; nichts aber kann Kummer bereiten, wenn man es nicht vermißt. Als den schon vom Alter geschwächten Sophokles jemand fragte, ob er noch geschlechtlichen Verkehr mit Frauen habe, gab er treffend zur Antwort: »Gott bewahre! Mit Freuden bin ich aus der Sklaverei dieses so wilden und wütenden Gebieters entflohen!« Für solche nämlich, die auf derartige Freuden leidenschaftlich erpicht sind, ist es vielleicht schmerzlich und verhaßt, sie entbehren zu müssen; wer aber schon gesättigt und zufriedengestellt ist, für den ist ihre Entbehrung angenehmer als der Genuß. Jedoch: Es entbehrt sie nicht, wer sie nicht vermißt; so kann ich sagen, es sei angenehmer, sie nicht zu vermissen. Wenn man nun gerade diese Freuden als junger Mensch besonders gerne genießt, so genießt man erstens, wie ich schon sagte, nichts Besonderes, zweitens aber eben etwas, das man im hohen Alter zwar nicht in reichlichstem Maße kennt, das man aber doch nicht ganz entbehren muß. Wer Logenplätze hat, hat freilich von Turpio Ambivius einen größeren Genuß, aber auch in der hintersten Reihe kann man sich über ihn freuen; ebenso ist es auch mit unserem Problem: Die Jugend erlebt vielleicht mehr Freude, weil sie die genannten Genüsse aus nächste Nähe kennenlernt, aber auch die Alten, die sie aus größerer Entfernung betrachten, haben noch in hinreichendem Maß ihre Freude daran.

Ciceros Schrift *Cato der Ältere über das Alter* enthält das bekannteste Lob des Alters der Antike. Selbst wenn man Ciceros Aussagen nicht uneingeschränkt zustimmen kann, haben sie bis heute in vielen Punkten durchaus noch Geltung und sind auf jeden Fall anregend. Marcus Tullius Cicero (106 bis 43 v.Chr.) war ein berühmter römischer Politiker, Anwalt, Schriftsteller und Philosoph. Er studierte in seiner Jugend in

Rom Rhetorik, Literatur und Philosophie und setzte in Griechenland und Kleinasien seine philosophischen Studien fort. Nach der Rückkehr nach Rom begann seine glänzende Karriere als Rhetor und Politiker, schließlich bekleidete er sogar das höchste Staatsamt eines römischen Konsuls. In seinen späteren Jahren widmete sich Cicero vor allem der schriftstellerischen Tätigkeit und verfasste Werke, in denen er die griechische Philosophie mit dem römischen Denken zu verbinden versuchte, zum Beispiel in Anlehnung an Platons Grundgedanken im *Staat* (Text 4). Cicero lebte in einer Zeit des Übergangs von der Republik zur Alleinherrschaft eines Cäsar und Augustus. Dies erforderte, ähnlich wie bei Platon, eine grundlegende Auseinandersetzung mit den tragenden Wertvorstellungen. Nach anfänglicher Bewunderung wurde Cicero ein erbitterter Gegner des Feldherrn und Diktators Cäsar. Daher wurde er bald nach dessen Tod (44 v.Chr.) von seinen machtbesessenen Anhängern ermordet.

Die kleine Schrift *Cato maior de senectute* (*Cato der Ältere über das Alter*) schrieb Cicero gegen Ende seines Lebens, als er 62 Jahre alt war. Sie ist seinem vier Jahre älteren Freund Atticus gewidmet. Beide wissen aus eigener Erfahrung, wovon die Rede ist. Erst recht kann der in Rom hoch angesehene Feldherr und Konsul Cato »der Ältere« (234–150 v. Chr), der fiktive Wortführer des Gesprächs, mit seinen fast 85 Jahren über das Alter sprechen. Zum Schluss fordert Cato seine Gesprächspartner Scipio und Laelius auf, was sie von ihm gehört haben, durch ihre persönliche Wahrnehmung zu bestätigen. Aus heutiger Sicht wird man genauer prüfen müssen, ob die Altersweisheit eines Cicero für uns noch gültig ist.

Schon bei einem ersten Eindruck kann man feststellen, dass Cicero mit seiner Einschätzung des Alters auf allgemeine menschliche Erfahrungen zurückgreift, die man auch heute teilen kann. Cicero beurteilt das Alter keineswegs aus einer verklärenden Sicht heraus. So ist zunächst seine Feststellung zutreffend, dass die meisten alten Menschen das Alter als Last ansehen, da die Altersbeschwerden nicht zu leugnen sind. Auch kann man ihm ohne Zögern in der Feststellung zustimmen, die er offensichtlich von Platons Kephalos, dem Vorbild seiner Schrift, übernimmt (Text 4): Ein zufriedenstellendes Alter ist auch von äußeren günstigen Umständen abhängig. Vor allem aber ist es das Ergebnis einer bestimmten charakterlichen Einstellung und einer maßvollen Lebensführung von Jugend an. Alter ist nicht in erster Linie ein biologisches, soziales oder ökonomisches Faktum, sondern ein mentaler Zustand. Wie man im Alter lebt, so betont Cicero in seiner Einleitung (Abschnitt 2), hängt von einer philosophischen Lebensführung ab, wie wir uns zu unseren Altersumständen und zum Leben insgesamt verhalten. Auch Ciceros Zusammenfassung der vier wichtigsten Gründe, über das Alter zu klagen, ist durchaus zutreffend, wenn man auch seine Beurteilung nicht immer teilen kann:

- Man kann bestimmte Tätigkeiten nicht mehr ausüben,
- der Körper ist geschwächt,
- man wird vieler Genüsse beraubt,
- man ist dem Tod nahe.

Cicero lässt Cato im Folgenden die vier Klagegründe nacheinander durchgehen und aus seiner Sicht widerlegen. Was, so erstens, die verminderte Ausübung von Tätigkeiten angeht, unterscheidet Cato körperliche von geistigen Beschäftigungen und schreibt dem Denken die größere Bedeutung zu, insofern es andere Tätigkeiten anleitet. In den geistigen Tätigkeiten sei man im Alter jüngeren Leuten sogar überlegen, wie Cato am Bild des Steuermanns illustriert. Selbst wenn man diese Höherbewertung nicht pauschal übernehmen kann, trifft sie doch in einer »Wissensgesellschaft« weitgehend zu, in der beispielsweise aus dem handwerklichen »Automechaniker« ein »Mechatroniker« geworden ist. Ebenso wenig lässt sich leugnen, dass Planungswissen, Autorität und Entscheidungsfähigkeit aufgrund langer Erfahrung eher zunehmen als sich verringern. Dies nimmt Cato auch für seine eigene Tätigkeit der Kriegsführung und Politik in Anspruch. Weiterhin kann man ihm beipflichten, dass im Alter das Gedächtnis nachlässt. Die Begründung leuchtet ebenfalls ein: Veranlagung und mangelnde Übung. Die Beispiele für die andauernden Aktivitäten im Alter, die Cato bringt, sind bemerkenswert. Allerdings dürfte es sich bei ihnen um Ausnahmen handeln, die abgesehen von den Bauern ausschließlich auf Personen mit einem »wissenschaftlichen und künstlerischen Eifer« zutreffen. Ähnliche Fälle sind auch heute bekannt und beeindruckend.

Dem zweiten Klagegrund, dass die körperlichen Kräfte im Alter nachlassen, wird wieder die Höherbewertung der geistigen gegenüber den körperlichen Fähigkeiten entgegengehalten Cato kritisiert an dieser Klage, dass sie von einem reduzierten Selbstbild des Menschen ausgeht. So beklagt sich der berühmte Ringer Milon, dass im Alter die Kraft seiner Arme nachgelassen habe: »Ach, die sind ja schon tot!« Ihm antwortet Cato: »Nicht so sehr deine Arme, weit eher du selbst, eitler Schwätzer! Denn deinen Ruhm hattest du nie dir selbst (*ex te*), sondern immer nur deiner starken Brust und deinen Armen zu verdanken.« Wenn wir unsere körperlichen oder geistigen Fähigkeiten im Alter beurteilen, so Cato, gehen wir von einem bestimmten Selbstbild aus, wer wir sind oder sein wollen. Nicht immer aber, wie bei Milon, ist diese Vorstellung mit einer zutreffenden Selbsterkenntnis vereinbar. Ciceros Cato geht davon aus, dass für den Menschen nicht seine körperlichen, aber letztlich auch nicht seine geistigen Fähigkeiten entscheidend sind, sondern, wie schon Platons Kephalos betont, sein Charakter.

Zur Selbsterkenntnis gehört, die eigenen Möglichkeiten je nach Lebensalter angemessen einschätzen zu können. Darauf zielt Ciceros Entwicklungsmodell der Lebensalter. Während Ciceros Cato pauschal der Kindheit Schwäche und der Jugend zwar körperliche Kraft, aber Unbeherrschtheit zuschreibt, beurteilt er das Erwachsenenalter durchweg als »ernsthaft« und schließlich das Alter als »reif«. Eine ähnliche Einteilung und Bewertung der Lebensalter hatte bereits Aristoteles in seiner Schrift *Rhetorik*, die Cicero sicher bekannt war, vorgenommen (1. Buch, 12–14). Auch Arthur Schopenhauer stimmte Cicero in seiner Schrift *Vom Unterschied der Lebensalter* (1851) im Kapitel *Aphorismen zur Lebensweisheit* der Sache nach weitgehend zu. Sicher ist es eine Tatsache, dass die körperlichen Kräfte im Alter schwinden und die Möglichkeit eines reifen, besonnenen Charakters aufgrund einer längeren Lebenserfahrung zunimmt. Allerdings sind die genannten Charakterisierungen und Beurteilungen der verschiedenen Lebensalter zu undifferenziert. Dagegen beschreibt und bewertet Francis Bacon in seinem Essay *Über Jugend und Alter* (1638) die Lebensalter wesentlich differenzierter in ihren jeweiligen Stärken und Schwächen. Bei ihm heißt es beispielsweise: »Junge Leute sind geschickter in der Erfindung als im Urteil, geschickter zur Ausführung als zur Überlegung, geschickter für neue Ideen als für das Althergebrachte. Denn die Erfahrung leitet die Alten sicher in dem, was in ihren Bereich fällt, täuscht sie aber in Hinsicht auf das Neue.« Aus dieser Einschätzung spricht deutlich Francis Bacons Bewusstsein der Neuzeit, das sich nicht auf Wissensautoritäten und tradierte Erfahrungen stützt, sondern auf die neuen Einsichten der empirischen Wissenschaften, wie er in seinem Buch *Das neue Organon* (1620) ausführt. Allerdings beruft sich Cicero nicht lediglich auf tradierte Altersweisheit oder anerkanntes Wissen, sondern geht von persönlichen Erfahrungen aus. Wenn Cicero als Fazit seiner Kritik an dieser zweiten Klage rät, man solle »gegen das Altern ankämpfen wie gegen eine Krankheit«, betont er nicht nur allgemein, dass man rechtzeitig einen maßvollen Charakter entwickeln soll. Vielmehr nennt er auch konkrete Maßnahmen für das körperliche Wohlbefinden, etwa gesundheitliche Vorkehrungen, Körperübungen und richtige Ernährung. Dies alles sind Maßnahmen, die heute bei keinem Anti-Aging-Programm fehlen. Vor allem aber empfiehlt Ciceros Cato die Denkkraft oder den Geist zu trainieren. Eine »senile Verblödung« (*senilis stultitia*) sei nicht naturnotwendig, sondern könne durch rechtzeitiges Training vermieden werden. Allerdings ist aus der heutigen Medizin bekannt, dass sich Demenz im hohen

Alter nur begrenzt durch mentale Übungen vermeiden lässt und vor allem biologisch bedingt ist.

In seinen Überlegungen zum dritten Klagegrund über das Alter, dass die sinnlichen Begierden nachlassen, folgt Cicero der Sache nach erneut Platons Kephalos. Auch er leugnet nicht, dass im Alter sinnliche Lust in verschiedenen Bereichen möglich und wünschenswert sei. Er sieht aber »das schönste Lob des hohen Alters« (*summa laus senectutis*) darin, dass es »nach keinerlei Sinnenlust besonders stark verlangt«. Cato schildert als Kontrast zum maßvollen Alter in düsteren Farben die Folgen eines ausschweifenden Lebens, möglicherweise als Spiegelbild des *dolce vita* im damaligen Rom. Als Gegenbild beispielsweise zu den ausschweifenden Trinkgelagen sieht er beim Gastmahl die Gelegenheit, sich mit guten Freunden zu treffen, statt unmäßig viel miteinander zu trinken. Daher zieht er den lateinischen Ausdruck *convivium* (Zusammenleben) dem Ausdruck *compotatio* vor, der wörtlichen Übersetzung des griechischen *symposion* (Zusammentrinken). Als Vorbild hat Cicero dabei zweifellos Platons Dialog *Symposion* vor Augen, bei dem ebenfalls die geistreiche Unterhaltung im Vordergrund steht, gipfelnd in Sokrates' Rede über den Gott Eros. Sokrates genießt durchaus den Wein, bleibt aber bis in den frühen Morgen hinein als Einziger nüchtern und ist in philosophisches Nachdenken versunken. Ebenso ist Sokrates keineswegs dem Umgang mit jungen Männern abgeneigt, widersteht aber zu dessen Ärger dem Liebeswerben des schönen Alkibiades. Ähnlich will Ciceros Cato auf keinen Fall als grundsätzlicher Genussfeind gelten, sondern auch im Alter die sinnliche Lust »nicht ganz entbehren«. Für seine Auffassung einer angemessenen Lebensweise könnte er sich auf Platon berufen, der in seinem Dialog *Philebos* für eine aus Vernunft und Lust »gemischte Lebensweise« plädiert. Wenn Cato allerdings, so in seinem Bild zum Schluss des Textauszugs, die sinnliche Lust im Alter »in der hintersten Reihe« statt, wie in der Jugend, auf den »Logenplätzen« als Vorzug empfiehlt, schwingt dabei eine gewisse Resignation über vergangene Möglichkeiten mit.

Schließlich sind Catos hier nicht abgedruckte Überlegungen zum vierten Anklagepunkt, der Nähe des Todes, bedenkenswert, wenn auch nicht in allem akzeptabel. Die Nähe des Todes ist sicher dann weniger beängstigend, wenn man, wie Cato, auf ein erfülltes Leben zurückblicken und für sich sagen kann, »nicht umsonst auf die Welt gekommen zu sein« (84). Das Bild vom menschlichen Leben als »Herberge« erinnert an die endliche Lebenszeit als unwiderrufliches Faktum (Text 2, 3), das man als Naturgegebenheit nicht anders als akzeptieren kann. Wenn allerdings, wie offensichtlich bei Cato im Bild von der »Herberge«, eine Vertröstung auf ein besseres Jenseits gemeint ist, kann sicher nicht jeder eine derartige Auffassung teilen.

Insgesamt, so zieht Cato abschließend Bilanz, ist das Alter »nicht nur nicht beschwerlich (*molesta*), sondern es ist im Gegenteil sogar angenehm (*iucunda*)« (85). Diese Bilanz zieht er ausdrücklich vor allem für sein eigenes Leben. Cato gibt damit zu, dass ein Lob des Alters für jedes Einzelschicksal geprüft werden muss. In seinem Schlusssatz fordert er daher seine jüngeren Gesprächspartner auf: »Das war es, was ich über das Greisenalter zu sagen hatte. Ich wünsche euch, ihr möget es erreichen, auf daß ihr das, was ihr von mir gehört habt, durch eigene Erfahrungen bestätigen könnt.«

In einem wichtigen Aspekt wird Ciceros *Lob des Alters* durch die neuere empirische Forschung bestätigt. So beruft sich der bekannte Altersforscher Paul B. Baltes (1939–2006) ausdrücklich auf Cicero, wenn er eine spezifische Weisheit im Alter feststellt.[52] Nach den Ergebnissen seiner Forschung, so stellt er in Übereinstimmung mit Cicero zunächst fest, verläuft der geistige Alterungsprozess höchst unterschiedlich. Die geistige Leistungsfähigkeit kann man zwar bis ins hohe Alter trainieren, dagegen lassen die Schnelligkeit im Denken und die Lernfähigkeit nach. Die bereits von Platon bis Cicero gelobte Weisheit aber nimmt auch nach Baltes nachweisbar im Durchschnitt gesehen im Alter zu. Weisheit definiert Baltes genauer nach den Kriterien »Reichhaltigkeit des Lebenswissens, Werterelativierung, Verständnis für Lebenszusammenhänge, Einsicht in unterschiedliche Lebensformen und Lebenswege sowie die Fähigkeit, durch flexible Beratung mit den Unsicherheiten des Lebens umzugehen«[53]. In Baltes' Forschung wird jüngeren wie älteren Probanden etwa folgende Problemsituation vorgelegt: »Ein 15-jähriges Mädchen möchte unbedingt sofort heiraten. Was sollte sie, was sollte man in diesem Fall bedenken und tun?« Je nachdem, ob die Probanden nachfragen, unterschiedliche Lösungsformen überlegen, Verständnis für die Wertewelt des Mädchens aufbringen, ihren Kultur- und Lebenszusammenhang einbeziehen und mit der Ungewissheit der Situation und ihrer möglichen Entwicklung umzugehen wissen, kann man ihre

Lebensweisheit einschätzen. Bei den Untersuchungen stellte sich heraus, dass ältere Menschen aufgrund ihrer eigenen Lebenserfahrung mit problematischen, komplexen Situationen – wie Ablösung vom Elternhaus, beruflicher Ausbildungsgang, Familiengründung, gesellschaftliche Umbrüche, Scheidung, Arbeitslosigkeit, schwere Krankheiten und Unfälle, Tod eines Kindes oder von Nahestehenden, Pensionierung – eher als junge Menschen in der Lage sind, Problemsituationen nach allen Seiten zu durchdenken und einen ausgewogenen Rat zu geben. Dies ist eine Fähigkeit, die auch Cicero vor allem dem Alter zuschreibt.

Als weiteres wichtiges Ergebnis seiner Forschung fand Baltes heraus, dass ältere Menschen häufig ihre nachlassende Schnelligkeit im Denken und ihre verminderte Lernfähigkeit mit Hilfe von einem »Modell der Optimierung durch Selektion und Kompensation«[54] wettmachen können (das OSK-Modell). Sein Paradebeispiel ist der fast 80-jährige Pianist Rubinstein, der seine hohe Virtuosität durch drei Maßnahmen erhalten hat: er übe mehr (Optimierung), spiele weniger Stücke (Selektion) und lege vor schnellen Passagen ein langsameres Spieltempo ein, damit die schnelle Phase noch schneller erscheine (Kompensation). Durch derartige Praktiken könnten Defizite wie zunehmende Langsamkeit und nachlassende Lernfähigkeit ausgeglichen werden. Wie Catos abendliche Erinnerungsübung kann das von Baltes herausgefundene OSK-Modell auf viele alltägliche und berufliche Situationen übertragen werden. Dies lässt sich auch auf Baltes' Beratungsmodell in schwierigen Situationen übertragen, das im Prinzip bereits bei Ciceros Cato zu finden ist.

Allerdings hat sich, wie Baltes in der *Berliner Altersstudie*[55] einen überzogenen Optimismus dämpft, die Altersgrenze in der Moderne nur nach vorne verschoben, sie ist aber nicht aufgehoben. Zwar ist für die »jungen Alten« zwischen 60 und 80 bei sonst guten ökonomischen, sozialen und medizinischen Voraussetzungen ein erfülltes Leben vor allem in Hinblick auf die geistigen Tätigkeiten und eine gelassene Lebensführung durchaus möglich. Bei den »alten Alten« ab 80 Jahren aber verringert sich, so Baltes, das Lernpotenzial deutlich, die Lebenszufriedenheit nimmt ab, die soziale Einbettung schwindet und die Anzahl und Stärke der Demenzerkrankungen vergrößert sich stark. Für diesen Lebensabschnitt lassen sich die von Cicero genannten Klagegründe kaum mehr widerlegen.

Trotz eines sehr hohen, äußerst gebrechlichen Alters ein menschenwürdiges oder gutes Leben zu führen (vgl. Text 14), ohne bloß dahinzuvegetieren, ist nur dann möglich, wenn sich der Einzelne in liebevoller Pflege und Umgebung umsorgt fühlt. In diesem Fall ist auch das hohe Alter zu loben. Jedenfalls kann man es nicht pauschal als nicht mehr lebenswert bewerten. Bei sehr alten und gebrechlichen Menschen kommt es nicht mehr darauf an, was der Einzelne körperlich und geistig weiterhin alles noch kann. Nicht mehr Nützlichkeit oder Lustempfinden, sondern das Recht auf Leben und die Würde des alten Menschen sind entscheidend für das Selbstwertgefühl und den Umgang mit ihm.[56] Der Einzelne selbst empfindet nicht ein zufriedenstellendes körperliches oder geistiges Leben, sondern emotionale Zuwendung als ausschlaggebend. Hiervon ist in der Erzählung *Zwei alte Frauen*[57] die Rede, nicht aber in Ciceros Schrift. Die christliche oder allgemein menschliche Tugend der Nächstenliebe fehlt bei dem Autor der Antike. Außerdem wird zwischen »jungen Alten«, zu denen Cicero selber und Atticus zählen, und »alten Alten«, die Cato als Wortführer repräsentiert, kein Unterschied gemacht. In Ciceros Schrift ist Cato lediglich die vorbildliche Ausnahmeerscheinung unter elitären Lebensbedingungen in einer vormodernen Gesellschaft, die mit dem Faktum der immer weiter nach vorne verschobenen Altersgrenze in den modernen wissenschaftlich-technisch geprägten Gesellschaften noch nicht konfrontiert war. Wie die Gesellschaft mit der Pflegebedürftigkeit der alten und gebrechlichen Menschen umgeht, ist ein Maßstab dafür, wie human ihr wissenschaftlich-technischer Fortschritt ist.

## 6. Welches Lob des Alters Norberto Bobbio kritisiert und welches er für richtig hält

Mir ist bekannt, daß es in unserer Literaturgeschichte eine lange Tradition rhetorischer Abhandlungen gibt, die geschrieben wurden, um die Vorzüge und das Glück des Alterns zu rühmen, angefangen mit *De senectute* von Cicero, geschrieben im Jahre 44 v. Chr., als der Verfasser 62 Jahre alt war, bis zum *Lobpreis des Alters* von Paolo Mantegazza, das Ende des letzten Jahrhunderts erschien und im Alter von 64 Jahren geschrieben wurde. Diese Werke bilden ein eigenes literarisches Genre, das außer einer Apologie des Alters immer auch den Versuch einer Entschärfung des Todes enthält. Cicero behandelt das Thema gemäß dem klassischen Muster einer verächtlichen Geringschätzung des Todes. Auch die Jungen sterben. Was hat man außerdem zu fürchten, wenn die Seele doch den Körper überlebt? »... die Natur hat uns hier nur eine Einkehr zum Verweilen beschert, nicht einen ständigen Wohnsitz. Wie herrlich wird der Tag, an dem ich in jene göttliche Versammlung und Gesellschaft der Seelen eingehen werde, um das Gewühle und unschöne Durcheinander hier auf Erden zu verlassen!« Etwas prosaischer befreit sich der darwinistische Positivist Mantegazza vom Gedanken an den Tod, indem er ihn mit den Worten abfertigt: »Es reicht, nicht daran zu denken.« Warum sich mit dem Gedanken an den Tod herumquälen? Schließlich ist der Tod nichts anderes als die Rückkehr in die Natur, in der alle Dinge zusammenfließen.

Ich brauche Ihnen nicht zu sagen, daß ich diese Rechtfertigungsschriften widerlich finde. Noch ärgerlicher werden sie mir, seitdem das Alter zu einem großen und ungelösten, ja kaum lösbaren sozialen Problem geworden ist, nicht nur, weil die Anzahl alter Menschen gestiegen ist, sondern auch, weil die Zahl der Jahre, die man als alter Mensch lebt, sich erhöht hat. Mehr Alte und mehr Jahre, die das Alter dauert: multiplizieren Sie beide Zahlen, und Sie erhalten ein Ergebnis, das die außergewöhnliche Tragweite des Problems anzeigt. Ein Arzt erzählte mir, daß er einmal einigen Kranken zugehört habe, die vom Alter sprachen und sich, wie erwartet, beklagten. Da warf einer von ihnen ein: »Es stimmt nicht, daß das Alter schrecklich ist. Schlimm ist, daß es so kurz ist.« Ist es wirklich so kurz? Für wie viele kranke, alte Menschen, die sich nicht mehr selbst helfen können, dauert es hingegen zu lange! Wer unter alten Menschen lebt, weiß, für wie viele von ihnen der letzte Lebensabschnitt nicht zuletzt dank der medizinischen Fortschritte, die in vielen Fällen eher am Sterben hindern, statt das Leben angenehm zu machen, zu einem langen, oft sehnlichen Warten auf den Tod geworden ist. Kein Weiterleben, sondern ein Nicht-Sterbenkönnen. Dario Belezza hat geschrieben: »Flüchtig ist die Jugend / ein Atemzug die Reife / furchtbar naht / das Alter und dauert / eine Ewigkeit.«

Dennoch gibt es auch heute ein rhetorisches Lob des Alters, allerdings erscheint es nicht mehr in seiner früheren, übrigens durchaus ehrenwerten Gestalt einer Verteidigung des letzten Lebensabschnitts gegen Spott oder sogar gegen Verachtung. Statt dessen tritt es, vor allem in den Botschaften des Fernsehens, in der verschleierten und darum äußerst wirkungsvollen Form einer *capatio benevolentiae* gegenüber möglichen neuen Konsumenten auf. In diesen Botschaften erblicken wir jetzt keinen alten Menschen mehr, sondern, wie es mit einem neutralen Begriff heißt, einen Senior, der sehr rüstig wirkt und lächelnd beteuert, wie glücklich er über sein Dasein ist, weil er endlich ein besonders kräftiges Tonikum oder eine außergewöhnlich reizvolle Ferienreise genießen darf. Damit wird auch er zu einem heftig umworbenen Nutznießer der Konsumgesellschaft, zum Träger der Nachfrage nach bestimmten neuen Waren, zum willkommenen Teilhaber an der Ausweitung des Marktes. In einer Gesellschaft, in der alles sich kaufen und verkaufen läßt, wo alles einen Preis hat, kann auch das Alter zu einer Ware wie jede andere werden. Wer sich nur einmal umschaut, das eigene Blickfeld ausdehnt bis in die Altersheime und Krankenhäuser oder bis in die kleinen Wohnungen der armen Leute, die einen alten Menschen zu Hause sitzen haben, der ständig überwacht und gepflegt werden muß, weil er keinen Moment lang allein gelassen werden darf, wird sofort erkennen, wie verlogen diese keineswegs uneigennützige, sondern aus Eigennutz schmeichelhafte Darstellung des Mottos »das Alter genießen« ist. Ein banaler Slogan, passend zur Gesellschaft der totalen Vermarktung, der an die Stelle des Lobliedes auf den ehrbaren und weisen Alten getreten ist.

Norberto Bobbio (1909–2004) ist ein italienischer Rechtsphilosoph, Publizist und Politiker. Er lehrte vor allem an der Universität Turin, zuerst Rechtsphilosophie, dann politische Wissenschaften. Sein Interessenschwerpunkt der Menschenrechte prägt auch seine grundsätzliche Hochschätzung des Alters. Alle Menschen, auch die alten, sind in ihren Grundrechten oder ihrer Würde in gleicher Weise anzuerkennen und sind Subjekte ihrer eigenen Lebensführung, nicht Objekte eines Interessendiktats von außen. Bobbio kritisiert ein Lob des Alters, das alte Menschen in einer einschmeichelnden Werbung zur »Ware« macht und das außerdem durch eine Entschärfung des Todes – im Jenseits werde alles besser – das Unglück des Alters schönredet. Er hält aber ein solches Lob für berechtigt, das, wie der Textauszug mit einem knappen Hinweis endet, dem »ehrbaren und weisen Alten« gilt. Bobbio hat den Text, ursprünglich ein Vortrag, 1994 verfasst, als er selber fast 85 Jahre alt war. Er spricht vor allem aus der Sicht und Erfahrung eines »alten Alten« und war genauso alt wie Cato in Ciceros Schrift *Cato maior de senectute* (Text 5), deren lateinischen Titel auch Bobbios Schrift im Original anspielungsreich trägt. Bobbio ersetzt aus den Erfahrungen mit der modernen Konsum- und Ellbogengesellschaft heraus das Lob des Alters durch eine Anklage, die allerdings weniger dem Alter selbst als der Gesellschaft gilt, die mit ihm unwürdig umgeht.

Bobbio beginnt seine Rede, der der Textauszug entnommen ist, mit allgemeinen Bemerkungen über das Alter. Er weist darauf hin, dass sich in den letzten Jahren die Schwelle zum Alter um etwa 20 Jahre verschoben hat, und setzt den Beginn des Alters mit 80 Jahren an. Nur vom alten, nicht aber vom jungen Alter ist also bei ihm die Rede. Während das chronologische, biologische und bürokratische Alter weitgehend festliege, sei das psychologische oder subjektive Alter höchst verschieden. Wohl in Anspielung auf Ciceros Bemerkung über die Verschränkung von Jung- und Altsein (siehe das Motto Seite 7) stellt Bobbio fest: »Als junger Mensch bin ich ein Alter gewesen, und als alter Mann habe ich mich bis vor wenigen Jahren noch als jung betrachtet. Jetzt bin ich, glaube ich, wirklich ein alter Alter.«[58] Bobbio macht ferner auf den unterschiedlichen Wert des Wissens alter Menschen in den vormodernen, statischen und den modernen, dynamischen Gesellschaften aufmerksam. Im einen Fall ist das Erfahrungswissen der Alten Orientierung für die Jungen, im anderen veraltet es schnell und ist weitgehend unbrauchbar. Daher bezweifelt Bobbio auch den oft behaupteten Wert einer Altersweisheit. Sein Zweifel daran ist zwar berechtigt, trifft aber nicht auf das vom Altersforscher Baltes entwickelte Konzept der Altersweisheit zu (Kommentar zu Text 5).

Der Textauszug und der Vortrag insgesamt beginnt mit einem Hinweis auf die antike Schrift Ciceros, die Bobbio ebenso skeptisch betrachtet wie ihre neueren Nachahmungen, etwa Paolo Mantegazzas *Lobpreis des Alters* (1895). Seine Kritik vor allem an deren »Entschärfung des Todes« begründet Bobbio an dieser Stelle nicht näher, holt dies aber in einem späteren Rückblick auf seinen Vortrag nach. Er selber glaube, so bekennt er dort, nicht an ein Leben nach dem Tod: »Wer den Tod ernst nimmt, nimmt auch das Leben ernst, dieses Leben, mein Leben, das einzige Leben, das mir gewährt wurde.«[59] Sein eigenes, endliches Leben aber ernst nehmen, bedeutet für Bobbio, wie man aus seinem Denken und Tun insgesamt erschließen kann, sich für ein menschliches, würdevolles Leben – das eigene wie das der anderen – einzusetzen und nicht auf ein besseres Leben in einem Jenseits zu warten. Wer den Tod ernst nimmt, kann nach Bobbio die Augen vor dem »sozialen Problem« des Alters nicht verschließen. Daher kritisiert er das Lob des Alters durch eine »verlogene« Werbung, die nach dem Motto »Das Alter genießen« die Altersnot ausblendet, etwa die Pflegefälle in Altersheimen, Krankenhäusern oder in den »kleinen Wohnungen der armen Leute«. Statt nur das Alter von privilegierten und jungen Alten zu loben, macht Bobbio auf die sozialen Probleme der »alten Alten« und auf den oft verlogenen Umgang mit ihnen aufmerksam. Sein Beispiel von der Werbung steht allerdings nur für eine gesamtgesellschaftliche, von ihm kritisierte Tendenz. Bobbio erinnert damit indirekt ex negativo an die günstigen Lebensumstände, die, wie bereits in der Antike Platons Kephalos und Ciceros Cato betonten (Text 4, 5), eine notwendige Voraussetzung für ein glückliches und würdevolles Alter sind.

»Das Alter genießen« ist besonders für diejenigen möglich, die es sich finanziell leisten können und in zufriedenstellenden sozialen Beziehungen leben. Zur Illustration eines rein hedonistischen oder genussreichen, oft gegenüber den Jüngeren recht eigennützigen Lebens im Alter beschreibt etwa der Kunsthistoriker Willibald Sauerländer das Bild *Lebenstreppe* des amerikanischen Zeichners Saul Steinberg. Das 1954 angefertigte Bildgleichnis kann die von Bobbio genannten extremen Positionen eines »selbstzufriedenen« und eines »verzweifelten« Alten[60] deutlich demonstrieren. Sauerländer beschreibt das Bild folgendermaßen: »Auf fünf Stufen steigt ein amerikanischer Erfolgsmensch zum Schreibtisch empor: Erst sieht man ihn im Kinderdress, dann als Knaben im Matrosenanzug, darauf im Talar eines frischgebackenen Bachelors, Masters oder sogar Doctors, und dann geht es weiter bergauf. Aber nach der Position hinter dem Chefschreibtisch ein jäher Absturz. Doch nun folgt nicht wie auf den älteren Bildern der Lebenstreppe die Darstellung eines zusammengesunkenen Greises neben einem sich schon öffnenden Grab. Nein, man erblickt einen älteren Herrn mit Glatze und Sonnenbrille, in Bermuda-Shorts unter einer Palme. Das ist das Glück des neuen, immer älter werdenden *senex puer* in Miami Beach oder Santa Barbara.« Sauerländer sieht in diesem Bild »jenes sinnliche, entlastete Altersglück an sonnigen Stränden, auf Kreuzfahrtschiffen oder in Wellness-Zentren, das heute eine der Formen der Altersbewältigung für die Privilegierten ist. Auch angesichts dieses Bildes wäre über den Begriff der eigenen Würde des Greisenalters zu rechten.«[61]

In der Rückschau auf einen früher gehaltenen Vortrag fügt Bobbio außer seinen Gedanken über den Tod noch weitere Überlegungen zum Alter aus seiner persönlichen Erfahrung hinzu.[62] Zunächst berichtet er von der Beobachtung, dass die körperlichen und geistigen Bewegungen langsamer werden. Dies hatte auch Cato in Ciceros Schrift zugegeben, war aber nicht näher darauf eingegangen. Vielmehr hatte er geglaubt, das Langsamerwerden durch die wachsende Überlegenheit geistiger Tätigkeiten in der Planung und Beratung von Praxis ausgleichen oder die Jüngeren sogar übertreffen zu können. Die Langsamkeit macht sich nach Bobbio in der modernen Zeit etwa bei der manuellen Bedienung des Computers und beim Erfassen der ständig neuen Produkte des wissenschaftlich-technischen Fortschritts bemerkbar. Bobbio sieht für das körperliche und geistige Älterwerden keinen Ausgleich, jedenfalls nicht für das hohe Alter, das er allein vor Augen hat. Ein zweiter wichtiger Punkt ist für Bobbio die »verlorene Zeit«[63] angesichts des wachsenden Gedächtnisverlustes. Wir können uns im Alter immer weniger an Ereignisse aus der Vergangenheit erinnern und unsere eigene Biographie einigermaßen vollständig rekonstruieren. Als Gegenmittel rät Bobbio zu einer beharrlichen Erinnerungsarbeit: »Bleib nicht stehen. Versäume es nicht weiterzugraben. Jedes Gesicht, jede Geste, jedes Wort, jeder noch so weit entfernte Gesang, die du wiederfindest, obwohl sie für immer verloren schienen, helfen dir zu überleben.«[64] Bobbio nimmt nicht weise und gelassen die Grenzen des Alters an: »Man sagt, die Weisheit eines alten Menschen bestehe im resignativen Akzeptieren der eigenen Grenzen. Doch um sie akzeptieren zu können, muß man sie erkennen. Um sie zu kennen, muß man versuchen, ihnen einen Sinn zu verleihen. Ich bin nicht weise geworden. Die Grenzen kenne ich wohl, aber ich akzeptiere sie nicht. Ich gestehe meine Grenzen ein, aber nur, weil ich nicht anders kann.«[65] Dennoch geht auch Bobbio gegen diese Grenzen an, etwa durch die Erinnerungsarbeit am eigenen Leben, um auf diese Weise geistig zu überleben. Außerdem macht er aus der Erfahrung und Reflexion seines hohen Alters auf dessen allgemeines »soziales Problem« aufmerksam.

# Sterben und Tod

## 7. Welche Hoffnungen SOKRATES für den Tod hat und wie er gelassen den Giftbecher trinkt

Aber auch auf folgende Art wollen wir erwägen, wie sehr wir hoffen dürfen, daß der Tod etwas Gutes sei. Er ist nämlich eines von beiden: entweder wie ein Nicht-Sein, so daß der Tote auch keine Wahrnehmung mehr von irgendeiner Sache hat; oder dann ist er, wie die Überlieferung sagt, ein Übergang und eine Übersiedelung der Seele von dieser Stätte an eine andere. Wenn nun gar keine Empfindung mehr vorhanden und wenn der Tod wie ein Schlaf ist, wo der Schläfer nicht einmal träumt, dann wäre er wohl ein wunderbarer Gewinn. Denn ich glaube, wenn einer die Nacht, in der er so tief geschlafen hat, daß er nicht einmal träumte, aussuchen und sie den übrigen Nächten und Tagen seines Lebens gegenüberstellen und dann prüfen und sagen sollte, wie viele Tage und Nächte seines Lebens er besser und angenehmer verlebt habe als diese eine Nacht, dann, glaube ich, würde nicht nur ein gewöhnlicher Mann, sondern sogar der Perserkönig finden, daß solche Tage und Nächte rasch gezählt wären im Vergleich zu den übrigen. Wenn nun der Tod ein solcher Zustand ist, dann nenne ich ihn einen Gewinn; denn die ganze Folge der Zeit scheint dann nicht länger zu sein als *eine* Nacht.

Ist dagegen der Tod gewissermaßen eine Reise von hier an einen anderen Ort und stimmt das, was man sagt, daß dort alle Verstorbenen versammelt sind, was könnte es dann für ein größeres Glück geben als dies, ihr Richter? Denn wenn einer in den Hades kommt und, der Leute ledig, die sich hier »Richter« nennen, die wahren Richter findet, die, wie man sagt, dort Recht sprechen, Minos und Rhadamanthys, Aiakos und Triptolemos und die übrigen Halbgötter, die auf Erden ein gerechtes Leben geführt haben: würde sich diese Übersiedelung nicht lohnen? Was würde wohl mancher unter euch darum geben, wenn er mit Orpheus und Musaios, mit Hesiod und Homer zusammentreffen dürfte? Ich will gern mehr als einmal sterben, wenn das wahr ist; denn für mich wäre es ein wunderbarer Aufenthalt dort, wenn ich den Palamedes und Aiax, den Sohn des Telamon, anträfe oder wer sonst noch von den Alten einem ungerechten Urteil zum Opfer gefallen ist. Wenn ich dann mein Geschick mit dem ihrigen vergleichen könnte, so wäre es, glaube ich, nicht ohne Reiz. Das Höchste aber wäre es, die Leute dort unten ebenso zu prüfen und auszuforschen, wie ich es hier tat, wer von ihnen weise sei und wer sich zwar für weise hält, es aber nicht ist. Was würde man nicht darum geben, ihr Richter, wenn man den ausfragen könnte, der das große Heer nach Troja geführt hat, oder den Odysseus oder den Sisyphos oder noch viele andere, die man da aufzählen könnte, Männer und Frauen? Sich mit diesen zu unterhalten, mit ihnen zusammenzuleben und sie zu prüfen, das wäre wohl eine unbeschreibliche Glückseligkeit. Sicher werden sie dort auch niemanden deswegen hinrichten. Denn dort sind sie überhaupt glücklicher als hier, und außerdem sind sie für alle Zukunft unsterblich, sofern wahr ist, was man erzählt.

Aber auch ihr sollt dem Tode gegenüber zuversichtlich sein, ihr Richter, und müßt vor allem das als wahr erkennen, daß es für einen guten Menschen kein Übel gibt, weder im Leben noch im Tod, und daß auch die Götter seinem Schicksal gegenüber nicht gleichgültig sind. Auch das meinige hat jetzt nicht zufällig diese Wendung genommen, sondern es ist mir ganz klar, daß es nun am besten für mich ist, zu sterben und die Sorgen loszuwerden. Deshalb hat mich auch das Zeichen nirgends gewarnt, und so zürne ich auch denen, die mich verurteilt haben, und auch meinen Anklägern nicht. Freilich haben sie mich nicht in dieser Absicht verurteilt und angeklagt, sondern in der Meinung, mir zu schaden; das muß man ihnen zum Vorwurf machen.

Um eines aber bitte ich sie: an meinen Söhnen, ihr Männer, übt Vergeltung, wenn sie ins Jünglingsalter treten, und plagt sie ebenso, wie ich euch geplagt habe. Wenn ihr den Eindruck habt, daß sie auf Reichtum oder etwas anderes mehr bedacht sind als auf die Tugend, oder wenn sie sich für etwas halten, was sie nicht sind, dann tadelt sie, wie ich euch getadelt habe, weil sie sich nicht um das kümmern, worum sie sich kümmern sollten, und weil sie sich einbilden, etwas zu sein, während sie doch nichts wert sind. Wenn ihr das tut, dann werdet ihr an mir und auch an meinen Söhnen gerecht gehandelt haben.

Aber nunmehr ist es Zeit, daß wir gehen, ich, um zu

sterben, ihr, um zu leben. Wer von uns dem besseren Los entgegengeht, das weiß niemand als der Gott allein.[66]

ECHEKRATES: Phaidon, warst du selbst bei Sokrates an jenem Tage, als er das Gift trank im Gefängnis, oder hast du es von einem anderen gehört?

PHAIDON: Ich war selbst bei ihm, Echekrates.

ECHEKRATES: Was waren denn eigentlich die letzten Worte dieses Mannes? Und wie starb er? Das möchte ich gerne hören. Denn gegenwärtig kommt von meinen Mitbürgern in Phleius nicht leicht einer nach Athen, und auch von dort ist seit langer Zeit kein Gastfreund zu uns gekommen, der uns etwas Bestimmtes über diese Begebnisse hätte berichten können, außer eben, daß er den Giftbecher trank und so gestorben ist. Von den weiteren Umständen aber konnte niemand etwas erzählen. [...]

»Ihr nun, Simmias und Kebes«, fuhr er fort, »und ihr andern, ihr werdet später aufbrechen, jeder zu seiner Zeit. Mich aber ruft das Schicksal schon heute, wie ein Tragiker sagen würde, und es ist wohl an der Zeit, daß ich mich ins Bad begebe. Denn ich ziehe es vor, zuerst zu baden und dann erst das Gift zu trinken und so den Weibern die Mühe zu ersparen, meinen Leichnam zu waschen.«

[...]

Als er so gesprochen, sagte Kriton: »Gut denn, Sokrates; doch hast du nicht noch irgendeinen Auftrag für diese Männer oder für mich, deiner Kinder wegen oder sonst in einer Sache, wo wir dir noch einen Gefallen tun könnten?«

»Einzig, was ich schon immer sage, Kriton«, gab er zur Antwort, »und gar nichts Neues: wenn ihr zu euch selber Sorge tragt, dann tut ihr alles, was ihr macht, mir und den Meinen und euch selber zu Gefallen, auch wenn ihr es jetzt nicht versprecht. Wenn ihr euch aber vernachlässigt und wenn ihr dem, was ich jetzt und früher gesagt habe, nicht nachleben wollt, gewissermaßen seinen Fußstapfen folgend, dann werdet ihr nichts erreichen, auch wenn ihr mir jetzt noch so manches und noch so eifrig versprecht.«

»Wir wollen uns Mühe gehen, also zu tun«, sagte Kriton. »Auf welche Weise aber sollen wir dich begraben?«

»Wie ihr wollt«, gab Sokrates zur Antwort, »wenn ihr mich fangen könnt und ich euch nicht entwische.« Dazu lachte er leise, sah uns an und sagte: »Liebe Freunde, ich kann den Kriton einfach nicht davon überzeugen, daß ich hier der Sokrates bin, der jetzt mit euch redet und ein jedes, was gesagt wird, an seinen Platz stellt, sondern er hält mich für jenen anderen, den er in kurzem als Leichnam sehen wird, und fragt deshalb, wie er mich begraben soll. Meine ganze lange Rede, in der ich euch auseinandergesetzt habe, daß ich, wenn ich das Gift getrunken habe, nicht mehr bei euch bleiben, sondern entweichen und zum herrlichen Leben der Seligen eingehen werde – diese Rede halte ich offenbar für ihn vergeblich, als sagte ich das nur zum Trost für euch und für mich selbst. Seid darum meine Bürgen bei Kriton«, fuhr er fort, »und leistet bei ihm die umgekehrte Bürgschaft als die, welche er bei den Richtern für mich geleistet hat. Er bürgte nämlich dafür, daß ich ganz sicher hier bleiben werde; ihr dagegen sollt euch dafür verbürgen, daß ich sicher nicht bleiben, sondern gleich nach dem Tode hinweggehen werde; so wird es Kriton leichter ertragen, und wenn er sieht, wie mein Leichnam verbrannt oder begraben wird, grämt er sich dann nicht um mich, als ob ich etwas Furchtbares erleiden müßte. Und er wird bei meinem Begräbnis dann auch nicht sagen, das sei Sokrates, den er aufbahrt oder hinausträgt oder beerdigt. Denn merke dir wohl, mein bester Kriton«, wandte er sich an diesen, »solche unrichtigen Behauptungen sind nicht nur an und für sich falsch, sondern sie üben auch einen schlechten Einfluß aus auf unsere Seelen. Du sollst vielmehr guten Mutes sein und sagen, es sei ja nur mein Leib, den du begräbst. Und bestatte ihn so, wie du gerne willst und wie du glaubst, daß es am ehesten dem Brauche entspricht.«

Nach diesen Worten stand er auf und ging in ein anderes Gemach, um dort zu baden. Und Kriton folgte ihm; uns aber hieß er bleiben. So warteten wir denn und unterhielten uns miteinander über das, was geredet worden war, und überdachten es noch einmal; doch dann kamen wir wieder auf das Unglück zu sprechen, das uns betroffen hatte, und es kam uns ganz so vor, wie wenn uns ein Vater entrissen würde und wir unser ferneres Leben als Waisen verbringen müßten.

Als er dann gebadet hatte, brachte man seine Kinder zu ihm – er hatte zwei kleine Knaben und einen größeren –, und auch die Frauen aus seiner Verwandtschaft kamen herein. Und er redete mit ihnen in Kritons Gegenwart und gab ihnen noch einige Aufträge. Dann hieß er die Weiber und Kinder weggehen; er selbst kam wieder zu uns. Die Sonne war schon nahe am Untergehen; denn er hatte recht lange im inneren Gemach verweilt. Nun kam er und setzte sich, frisch gebadet; doch redete er jetzt nicht mehr viel. Und schon kam der Diener der Elfmänner herein, trat zu ihm und sagte:

»Sokrates, über dich werde ich mich nicht beklagen müssen wie über andere, daß sie auf mich böse werden und mich verfluchen, wenn ich ihnen im Auftrage der Archonten verkünden muß, daß sie das Gift trinken sollen. Dich habe ich in dieser Zeit als den edelsten und mildesten und besten von all den Männern kennengelernt, die je hierhergekommen sind; und auch jetzt weiß ich sehr wohl, daß du nicht mir zürnst, sondern den wahren Schuldigen, die du ja kennst. Jetzt aber – du weißt, was ich dir verkünden muß –, lebe wohl und versuche, das Unvermeidliche so leicht als möglich zu tragen.«

Damit wandte er sich um und ging weinend hinaus. Und Sokrates schaute zu ihm auf und sagte: »Auch du, lebe wohl; und wir werden dies tun.«

Und zugleich sprach er zu uns: »Wie fein ist doch dieser Mensch. Während der ganzen Zeit kam er zu mir herein und unterhielt sich manchmal mit mir. Er war der beste aller Menschen, und jetzt weint er gar so herzlich um mich. Aber wohlan, Kriton, wir wollen ihm gehorchen. Es bringe einer das Gift herein, wenn es gerieben ist; wenn nicht, so soll es der Mann reiben.«

Und Kriton sagte: »Ich glaube, Sokrates, die Sonne steht noch auf den Bergen und ist noch nicht untergegangen.

Und ich weiß auch von anderen, daß sie erst viel später getrunken haben, nachdem es ihnen befohlen war; zuerst aber haben sie noch gut gegessen und getrunken und waren mit denen zusammen, nach welchen sie gerade Verlangen trugen. Drum dränge nicht; es hat ja noch Zeit.«

Aber Sokrates sprach: »Wenn jene das tun, von denen du erzählst, dann haben sie ganz recht: sie glauben nämlich, damit etwas zu gewinnen; aber mit ebensolchem Recht werde ich nicht so handeln; denn ich glaube nicht, daß ich damit etwas gewinne, wenn ich ein wenig später trinke, höchstens, daß ich mich vor mir selbst lächerlich mache, wenn ich so am Leben hange und spare, wo doch nichts mehr ist. Geh also nur«, schloß er, »und gehorche mir ohne Widerrede.«

Auf diese Worte hin gab Kriton dem Diener, der in der Nähe stand, ein Zeichen. Und der Knabe ging hinaus und kam nach einer Weile wieder mit dem Manne, der das Gift reichen sollte, das er gerieben in einem Becher mit sich brachte. Als Sokrates den Mann sah, sagte er:

»Also gut denn, mein Bester; du weißt ja darüber Bescheid: was soll ich tun?«

»Wenn du getrunken hast«, sagte er, »brauchst du nur hin und her zu gehen, bis dir deine Glieder schwer werden, und dann mußt du dich niederlegen; so wird es schon von selbst wirken.«

Zugleich reichte er dem Sokrates den Becher. Und der nahm ihn, und mit heiterer Miene, Echekrates, ohne zu zittern, ohne sich zu verfärben und ohne das Gesicht zu verziehen, sondern ganz nach seiner Gewohnheit blickte er dem Manne fest in die Augen und fragte ihn: »Was meinst du, soll man auch von diesem Trank eine Spende vergießen? Ist das erlaubt oder nicht?«

»Sokrates«, erwiderte jener, »wir reiben davon gerade so viel, wie wir glauben, daß es zum Trinken richtig sei.«

»Ich verstehe«, sagte er; »aber es ist wohl erlaubt und auch notwendig, zu den Göttern zu beten, daß die Fahrt von hier ins Jenseits glücklich verlaufen möge. Darum bitte ich jetzt, und so möge es geschehen.« Mit diesen Worten setzte er an und trank gelassen und heiter aus.

Bis dahin waren wir fast alle so ziemlich imstande gewesen, die Tränen zurückzuhalten. Als wir aber sahen, wie er trank und wie er dann getrunken hatte, da konnten wir es nicht mehr, sondern mir selbst drangen mit Gewalt die Tränen in Strömen hervor, so daß ich mich verhüllte und um mich weinte. Denn ich weinte nicht etwa um ihn, sondern um mein eigenes Unglück, daß ich einen solchen Freund verlieren sollte. Kriton hatte schon früher als ich seine Tränen nicht mehr zurückhalten können und war hinausgegangen. Apollodoros aber hatte schon vorher unaufhörlich geweint; jetzt aber schrie er laut auf, weinte und jammerte, und unter den Anwesenden war keiner, den das nicht erschütterte, außer Sokrates selbst. Der aber sagte:

»Was macht ihr denn, ihr wunderlichen Leute? Ich habe doch die Frauen nicht zuletzt deshalb weggeschickt, damit sie sich nicht so töricht aufführen. Denn ich habe mir sagen lassen, daß man unter andächtigem Schweigen sterben soll. So seid denn ruhig und beherrscht euch.«

Als wir das hörten, schämten wir uns und hörten auf zu weinen. Er aber ging hin und her; dann sagte er, er spüre jetzt, wie seine Glieder schwer würden, und legte sich auf den Rücken; denn so hatte es ihm der Mann, der das Gift brachte, befohlen. Jetzt fühlte ihn dieser an, und nach einiger Zeit prüfte er seine Füße und Beine; dann drückte er heftig den Fuß und fragte ihn, ob er etwas spüre. »Nein«, sagte er. Und darauf dann die Unterschenkel, und indem er immer weiter hinauffühlte, zeigte er uns, wie er allmählich kalt und steif wurde. Und er faßte ihn wieder an und sagte, wenn es bis zum Herzen fortgeschritten sei, dann werde er scheiden. Schon war um seinen Unterleib fast alles erkaltet, da deckte er sich noch einmal auf – er hatte sich schon ganz verhüllt – und sagte:

»Kriton«, und das waren seine letzten Worte, »wir schulden dem Asklepios einen Hahn; entrichtet ihm den und versäumt es nicht.«

»Das soll geschehen«, sagte Kriton; »aber sieh, ob du nicht sonst noch etwas zu sagen hast.«

Auf diese Frage gab er keine Antwort mehr. Kurz darauf machte er noch eine Bewegung, und dann deckte ihn der Mann auf; und da war sein Blick gebrochen.

Als Kriton das sah, schloß er ihm den Mund und die Augen.

Dies, Echekrates, war das Ende unseres Freundes, eines Mannes, von dem wir sagen dürfen, daß er unter all seinen Zeitgenossen, die wir gekannt haben, der beste und überhaupt der vernünftigste und gerechteste gewesen ist.[67]

Sokrates (469–399 v. Chr.) wurde im Alter von 70 Jahren zum Tod durch den Schierlingsbecher verurteilt, weil er die »Jugend verdorben« und die »Götter Athens geleugnet« habe. Er hatte sich bei den Machthabern Athens unbeliebt gemacht, weil er die Menschen auf dem Marktplatz in Gespräche hineingezogen und sie aufgefordert hatte, »Rechenschaft zu geben«. Rechenschaft darüber, auf welche Weise sie gelebt hätten und ob sie wüssten, was ein gutes oder gerechtes Leben ist. Das sokratische »Rechenschaft geben« gilt bis heute als Beginn und Vorbild jeder Philosophie, wie sie vor allem im europäischen Kulturraum verstanden wird. Sokrates ging es allerdings nicht nur um ein theoretisches Philosophieren über das Leben oder, wie ihn Platons Schüler Aristoteles versteht, um das Analysieren ethischer Begriffe. Ihm kam es vor allem auf eine »tugendhafte« Lebenspraxis an. Sokrates war ein analytischer Existenzialist, der Praxis und begrifflich klares Denken in Einklang bringen wollte. Er selber hat nichts geschrieben. Von seinem Leben und seiner Tätigkeit gibt es recht unterschiedliche Darstellungen von Zeitzeugen.[68] Sein Schüler Xenophon, der Feldherr und Landgutbesitzer, verteidigt ihn in seinen *Erinnerungen an Sokrates* als staatstreuen Bürger, der die Jugend gerade nicht verdorben oder in ihren Überzeugungen durcheinandergebracht, sondern zu einem gerechten, besonnenen oder frommen Leben ermahnt habe. Für den Komödienschreiber Aristophanes dagegen gehört er in den *Wolken* zu den Sophisten, die an keine sittlichen Werte mehr glaubten und alle herkömmlichen Überzeugungen durch ihre Begriffs- und Argumentationskunst zerredeten.

Sein berühmter Schüler Platon schließlich verbindet beide Sichtweisen miteinander. Nach ihm hat Sokrates, den Sophisten ähnlich, seine Unterredner dazu gebracht, ihre Grundüberzeugungen genauer zu definieren und besser zu begründen, etwa im Gespräch mit Kephalos über das Alter und das gerechte Leben (Text 4) oder im Dialog *Laches* über die Tapferkeit. Mit seinem beharrlichen Nachfragen wollte er aber die Menschen nicht, wie Aristophanes ihm vorwarf, verwirren und von ihren überlieferten Überzeugungen abbringen. Ebenso wenig wollte er ihnen nach Art des Xenophon die alten Werte ohne eigenes Nachdenken bloß einreden. Es ging ihm vielmehr darum, seine Gesprächspartner anzuregen, die überlieferten Werte wie Besonnenheit, Tapferkeit, Gerechtigkeit, Weisheit oder Frömmigkeit durch Gründe neu zu festigen und danach zu leben. Es ist jedoch schwierig, in Platons Dialogen die Auffassung von Sokrates immer klar von Platons eigener zu unterscheiden. Generell kann man sagen, dass Sokrates ein fragender Denker war, während Platon mit seiner Ideenlehre Antworten zu geben versuchte (Kommentar Text 4). Auch Sokrates hat aber nicht nur Fragen gestellt, ohne Antworten zu geben. Er hatte feste, gut begründete Überzeugungen davon, worauf es im Leben ankommt. Sein Leitsatz war, dass es für die innere Verfassung des Menschen besser sei, Unrecht zu erleiden als Unrecht zu tun. Nach dieser Überzeugung hat er gelebt und für sie ist er gestorben.

Die letzten Wochen und Stunden seines geliebten Lehrers schildert Platon in vier Dialogen, die ausschließlich der Person Sokrates gewidmet sind. Aus zwei von ihnen sind die hier abgedruckten Textauszüge entnommen. Im *Euthyphron*, dem ersten der vier sokratischen Dialoge, begegnen sich Sokrates und Euthyphron, der Priester der alten, längst nicht mehr ernst genommenen Götter Homers, vor dem Athener Gerichtsgebäude. Beide sind auf dem Weg zu ihrem Prozess, in dem sie wegen unfrommen Handelns angeklagt werden. Sokrates wird Jugendverderbung und Götterfrevel vorgeworfen, Euthyphron Totschlag an seinem Vater, weil er diesen wegen dessen Totschlags eines Sklaven in einem Brunnen festgehalten hatte, wo der Vater schließlich umkam. In seiner gewohnten Art verwickelt Sokrates Euthyphron in ein Gespräch, ob er tatsächlich weiß, was Frömmigkeit ist. Dieser beruft sich auf Zeus, der auch seinen eigenen Vater Chronos getötet hat. Unter Frömmigkeit versteht Euthyphron, das zu tun, was die Götter tun, sogar den eigenen Vater zu töten, und findet sein eigenes Handeln deshalb gerechtfertigt. Bereits Xenophanes hatte jedoch das unmoralische Handeln der Götter kritisiert. Euthyphron muss schließlich zugeben, dass sie in ihrem unmoralischen Handeln nicht Maßstab für Tugenden wie Frömmigkeit sind, sondern dass sich umgekehrt die Götter, nicht anders als die Menschen, daran orientieren müssen, was diese Tugend selbst ist. Im Dialog *Euthyphron* gibt es darauf keine klare Antwort. Frömmigkeit als Glaube an die Götter Homers oder andere ungeprüfte Autoritäten hält Sokrates jedenfalls nicht für akzeptabel.

In der *Apologie*, der Verteidigung des Sokrates vor Gericht, deren Ende der erste hier abgedruckte Text bildet, lässt Sokrates keine ungeprüfte Autorität gelten. Er hält es für sein größtes Verdienst, die athenischen Mitbürger durch sein kritisches Fragen aus einem geistigen Schlaf geweckt zu haben, und fordert statt einer Strafe sogar eine Belohnung seitens des Gerichts. Dadurch bringt er die große Schar der Laien-Richter, die allein durch die Aussicht auf ein Tagesgeld zu ihrem Posten gekommen waren, noch mehr gegen sich auf und wird von ihnen zum Tode verurteilt. In seinem Schlussplädoyer provoziert Sokrates die Richter ein weiteres Mal, indem er den Tod gar nicht als Strafe, sondern gegen die Meinung der Mehrheit als etwas Gutes ansieht. Sokrates beansprucht auch hier kein absolutes Wissen für sich, vielmehr drückt er eine begründete Hoffnung aus, dass der Tod kein Übel, sondern sogar etwas Gutes ist. Zuvor hatte er bereits erklärt, dass ihn sein »Daimonion«, eine rätselhafte innere Stimme, während des gesamten Prozesses nie vor dem möglichen Todesurteil als Übel gewarnt habe. In dem Textauszug bringt er ein weiteres Argument. Entweder sei der Tod ein »Nicht-Sein«, wie ein Schlaf ohne Träume, oder er sei ein Übergang in ein besseres Jenseits, wie die Mythen – gemeint ist die orphisch-pythagoreische Überlieferung – berichteten. Beides sei etwas Positives: Ein ewiger Schlaf ohne Träume sei mehr, als selbst der Perserkönig erleben kann, und in einem besseren Jenseits finde er, Sokrates, entweder gerechtere Richter als in Athen oder er könne sein Philosophieren dort mit berühmten Leuten fortsetzen: »Sich mit diesen zu unterhalten (*dialegesthai*), mit ihnen zusammenzuleben und sie zu prüfen, das wäre wohl eine unbeschreibliche Glückseligkeit.« Allerdings, so schränkt Sokrates seine Hoffnung ein, wisse »niemand als der Gott allein«, ob es besser sei, wie seine Richter und die anderen Athener weiterzuleben, oder, wie er selber, zu sterben. Sokrates war ein Agnostiker. Er gab zu, dass er nicht sicher wusste, ob und wie es nach dem Tode weitergeht. Er war weder ein selbstsicherer Atheist noch leugnete er, dass die Jenseits-Mythen vielleicht stimmen könnten. Zwar können wir, so war er überzeugt, über ein Jenseits nichts mit Gewissheit wissen, aber dennoch hielt er die Annahme für berechtigt, dass wir vor einer letzten Instanz über unser Leben Rechenschaft geben müssen, vor einem Gott, gegenüber der Vernunft oder dem Gewissen.

Im dritten sokratischen Dialog, dem *Kriton*, schlägt Sokrates seinem gleichnamigen Freund die Bitte ab, die von ihm und seinen Freunden vorbereitete Flucht zu ergreifen. Es komme nicht auf das bloße Überleben, sondern auf das »gute Leben« an (Kriton 48 b), dieses aber bedeute, gerecht zu leben. Selbst wenn Athen ihn zu Unrecht zum Tode verurteilt habe, dürfe er nicht selber Unrecht tun und die Gesetze durch seine Flucht missachten. Schließlich habe er bis in sein 70. Lebensjahr hinein die Gesetze Athens akzeptiert und sei von ihnen beschützt worden, ohne zum Bleiben gezwungen worden zu sein. Er hätte vielmehr jederzeit auswandern können. Er sehe daher keinen zwingenden Grund, sich gegenüber den Gesetzen undankbar zu erweisen und ein stillschweigendes Schutzabkommen zu brechen.

Im gleichnamigen Dialog *Phaidon*, aus dem der zweite Textauszug stammt, erzählt Phaidon Echekrates dann von den letzten Stunden des Sokrates. Er beantwortet drei Fragen, die man in einer derartigen Situation oft stellt: ob er beim Sterben des Sokrates selber anwesend war, wie dessen letzte Worte lauteten und wie er starb. Neben Kriton, dem alten Freund des Sokrates, ist Phaidon mit Kebes und Simmias beim Sterben des Sokrates dabei gewesen. Die letzten drei glaubten als Anhänger der Lehre des Pythagoras fest an ein Weiterleben der Seele, die endlich von den Fesseln des Körpers befreit werde und ein rein geistiges Leben führen könne. Sokrates aber zeigt ihnen anhand der sogenannten, hier nicht abgedruckten Unsterblichkeitsbeweise, dass sie sich widersprechen, wenn sie über seinen baldigen Tod trauerten, anstatt sich darüber uneigennützig für ihn zu freuen. Der wichtigste Beweis schließt aus der Seele als Träger ewiger Ideen auf die Unsterblichkeit der Seele selbst. Wenn die Seele ewige Wahrheiten enthalte, müsse sie auch selber ewig existieren, sonst müssten mit ihrem Untergang auch die ewigen Wahrheiten untergehen – was nicht recht einleuchtet (die Ideen könnten ja auch ohne die Seele ewig existieren).

Allerdings geben dieser wie die anderen Beweise eher in ironischer Zuspitzung die Sicht seiner pythagoreischen Gesprächsfreunde wieder, nicht aber Sokrates' eigene Auffassung. Nach pythagoreischer Überzeugung müssen wir alles daransetzen, uns vom »unreinen« Körper zu befreien und im ewigen Jenseits ein rein geistiges Leben zu leben. Als Konsequenz müssten sich seine Freunde daher über den Tod des Sokrates freuen, ihn aber nicht bejammern, weil sie ihn verlieren. Sokrates' Behauptung, dass »die echten Philosophen das Sterben lernen« (Phaidon 67 df), indem sie sich um Erkenntnis der ewigen Ideen bemühten und, soweit es gehe, von allem Körperlichen, allen Begierden und bloßen Sinneseindrücken loslösten, ist eine pythagoreische, nicht aber eine sokratische Auffassung. Vielmehr wird seine eigene, mit Skepsis versehene Hoffnung zum Schluss der *Apologie* sichtbar (siehe den vorigen Text). In einer langen platonistischen, vom christlichen Denken geprägten Tradition hat sich allerdings nicht diese Auffassung, sondern die pythagoreische Lehre als vermeintlich sokratisch-platonische Lehre durchgesetzt. Danach heißt Philosophie sterben lernen als Vorbereitung auf das ewige Leben im Jenseits. Sokrates selber aber sieht seine Identität weder in seinem bloß körperlichen noch in einem davon getrennten rein geistigen Dasein. Es kommt ihm vielmehr auf beides zusammen an, auf das philosophisch gelebte Leben: »Ich kann den Kriton einfach nicht davon überzeugen, daß ich hier der Sokrates bin, der jetzt mit euch redet (*ho nyn dialegomenos,* Phaidon 115c).« Offensichtlich sieht Sokrates, wie er bereits in seinem Schlusswort in der *Apologie* betont hat, in der Tätigkeit des Philosophierens ein ewiges Leben des Geistes. Der Prozess des Denkens oder Philosophierens ist nach ihm Teil und Vorbereitung eines guten, gerechten Lebens und reicht als unabschließbare Aufgabe der gesamten Menschheit über das Leben des Einzelnen hinaus. Philosophie ist keine Schau eines jenseitigen Ideenhimmels, sondern der Versuch, das konkrete Leben des Einzelnen und der Polis zu verbessern.

Der *Phaidon* endet mit einer anrührenden Schilderung, wie Sokrates »mit heiterer Miene« gestorben ist. Er hat nicht nur in Worten seine Hoffnungen für den Tod als etwas Gutes ausgedrückt, sondern ist dafür durch seine Haltung und sein Handeln bis zu seinem Tod eingetreten – und würde es, wie er in der *Apologie* versichert hatte, am liebsten noch weiterhin in einem möglichen Jenseits tun. Daher schließt Phaidon seinen Bericht über das Sterben des Sokrates mit den Worten ab: »Dies, Echekrates, war das Ende unseres Freundes, eines Mannes, von dem wir sagen dürfen, daß er unter all seinen Zeitgenossen, die wir gekannt haben, der beste und überhaupt der vernünftigste und gerechteste gewesen ist.« Sokrates hat sich nicht von unbegründeten Ängsten oder Hoffnungen leiten lassen, sondern von einer besonnenen Prüfung, was ein gutes Leben ist, und hat danach gelebt. Dabei hat er das für ihn unüberwindbare menschliche Nichtwissen in den wichtigsten Dingen des Lebens ausgehalten. Er hatte eine unerschütterliche Hoffnung, dass es für uns auf ein gerechtes Leben ankommt und dass wir daher, auch wenn wir über ein jenseitiges Leben nichts Sicheres wissen können, keine Angst vor dem Tod haben müssen. Wenn Sokrates zum Schluss zu seinen Freunden sagt: »Wir schulden dem Asklepios einen Hahn«, will er nicht etwa, wie Nietzsche ihm vorwirft, sagen: »das Leben ist eine Krankheit«, von dem ihn Asklepios als Gott der Heilung aus pythagoreischer Sicht endlich erlöst habe.[69] Vielmehr will er umgekehrt Asklepios für ein gesundes Leben danken. Sokrates ist ein Philosoph des Lebens, nicht der Weltflucht.

## 8. Wieso sterben lernen nach Michel de Montaigne leben lernen bedeutet

Cicero sagt, philosophieren sei nichts anderes, als sich auf den Tod vorzubereiten. Der Grund hierfür ist, daß Erkenntnissuche und Kontemplation unsere Seele gleichsam von uns wegziehn und sie außerhalb des Körpers beschäftigen, was eine Einübung in den Tod darstellt, ja ihm bereits ähnelt – oder auch, daß alle Weisheit und alles Sinnen der Welt letztlich darauf hinauslaufen, uns die Überwindung der Furcht vorm Sterben zu lehren.

In der Tat muß die Vernunft, wenn sie nicht ihren Spott mit uns treiben will, allein nach unserer Zufriedenheit trachten und ihr ganzes Bemühen folglich auf nichts anderes richten, als uns gut und fröhlich leben zu lassen, wie die Heilige Schrift sagt. Alle Meinungen der Welt stimmen darin überein, daß das Vergnügen unser Ziel sei (wenn sie auch unterschiedliche Wege vorschlagen); sonst würde man sie ja von vornherein verwerfen, denn wer wäre willens, auf jemand zu hören, der als sein Ziel ausgäbe, uns Mißvergnügen und Ungemach zu bereiten? [...]

Die Menschen, sie kommen, sie gehen, sie trotten, sie tanzen – und vom Tod kein Wort. So weit, so gut. Dann aber, wenn er sie ereilt, sie selbst oder ihre Frauen, Kinder und Freunde, plötzlich und hinterrücks, welch Jammern und Heulen, welche Wut und Verzweiflung brechen da hervor und überwältigen sie! Hat man je etwas derart Verwandeltes, derart Verstörtes, derart Mutloses gesehn?

Man muß sich daher beizeiten auf den Tod gefaßt machen. [...]

Dieser Gedanke legte aber meine Stirn keineswegs mehr in Falten als irgendein andrer. Zwar ist es unmöglich, den Stachel solcher Vorstellungen anfangs nicht zu spüren; doch wenn man sie immer wieder hin und her wendet und mit ihnen umzugehen lernt, wird man sie auf lange Sicht zweifellos in den Griff bekommen – ich müßte sonst ja, da nie ein Mensch seinem Leben mehr mißtraute, nie ein Mensch weniger auf seine Dauer setzte, ständig von rasender Angst geschüttelt werden. Doch weder lasse ich mich von der robusten Gesundheit, deren ich mich bis heute mit nur seltnen Unterbrechungen erfreute, zur Hoffnung auf ein um so längeres Leben verleiten, noch von den Krankheiten zur Furcht vor einem um so kürzeren. Jede Minute habe ich das Gefühl, ich sei noch einmal davongekommen, und ohne Unterlaß sage ich vor mich hin: »Drum verschiebe nicht auf morgen, was du heute kannst besorgen.«

In Wahrheit bringen uns Gefahren unserem Ende nur wenig oder gar nicht näher; denn wenn wir bedenken, wie viel Millionen anderer außer dieser einen, die uns augenblicklich am meisten zu bedrohen scheint, noch über unserm Haupte schweben, werden wir finden, daß es uns – ob frisch und munter oder fiebernd, auf hoher See oder zu

Hause, im Schlachtgetümmel oder im Schlaf – stets gleich nahe ist. *Kein Mensch ist hinfälliger als der andre, keiner des nächsten Tags gewisser.*

Michel de Montaigne (1533–1592) hat nicht erst im Alter, sondern bereits in seinen besten Jahren über das Sterben und den Tod nachgedacht. Er tat dies nicht, weil er sich davor fürchtete, das Leben verachtete oder sich nach einem besseren Jenseits sehnte, sondern weil er in derartigen Überlegungen eine notwendige Voraussetzung für ein gelingendes Leben sah. Montaigne wurde auf dem kleinen französischen Landgut Montaigne geboren, nach dem er sich später stolz »Herr von Montaigne« nannte. Als Kind wurde er von einem deutschen Lehrer Horst (latein. *Horstanus*), der kein Wort Französisch verstand, ausschließlich in lateinischer Sprache erzogen. Dies und seine spätere strenge humanistische, auf Latein und Griechisch konzentrierte Ausbildung war sicher ein Grund für seine scharfe Kritik an einer reinen Büchergelehrsamkeit, die sich nicht auf das konkrete Leben bezieht. Die Kritik hinderte ihn jedoch nicht daran, ausführlich die von ihm studierten, durchaus geschätzten Klassiker zu lesen und zu zitieren. Nach seinem Jura-Studium bekleidete er von 1557 an 14 Jahre lang das Amt eines Parlamentsrats in Bordeaux und wurde dort zweimal zum Bürgermeister gewählt. 1570 zog er sich von allen Ämtern zurück und widmete sich im geliebten Bibliothekszimmer seines Schlossturms vor allem seinen Studien, machte verschiedene Reisen und führte für den König einige politische Aufträge durch. 1580 erschienen die ersten beiden Bände seiner *Essais*, denen der

Textauszug entnommen ist; in einer Neuauflage von 1588 wurden sie um einen dritten Band erweitert. Außerdem schrieb Montaigne Reisetagebücher, die erst lange nach seinem Tod veröffentlicht wurden. Er starb an den Folgen eines langjährigen Nierenleidens.

Montaignes Leben fällt in die Zeit der französischen Religionskriege, in denen Katholiken und Protestanten erbittert um die Vorherrschaft kämpften. Montaigne wendete sich von der zu seiner Zeit dominierenden scholastischen oder metaphysischen Philosophie ab, die im Mittelalter als »Magd der Theologie« alle Grund- und Grenzfragen der menschlichen Existenz durch rationale Argumente sicher beantworten zu können glaubte und dabei letztlich von der christlichen Lehre geleitet war. Stattdessen vertraut er auf ein konkretes Philosophieren als Lebenskunst: »Eine Seele, in der die Philosophie wahrhaft heimisch ist, wird durch ihre Gesundheit auch den Körper gesund machen.«[70] Er setzt auf eigene Erfahrungen und Beobachtungen ohne Anspruch auf Allgemeingültigkeit. Wie er in der Vorrede zu den *Essais* »An den Leser« gewandt schreibt, ist sein Ziel »ein rein häusliches und privates [...]. Ich selber, Leser, bin also der Inhalt meines Buches: Es gibt keinen vernünftigen Grund, daß du deine Muße auf einen so unbedeutenden, so nichtigen Gegenstand verwendest. Nun, Gott befohlen!« Offensichtlich aber ist seine Bescheidenheit nicht ganz wörtlich zu verstehen. Montaigne erhofft auch ohne den Anspruch auf eine allgemeingültige Wahrheit eine Wirkung auf andere durch die Erzählung seiner persönlichen Erfahrungen – sonst hätte er sie ja gar nicht erst zu veröffentlichen brauchen: »Wenn ich sie [meine Erfahrung, Anm. des Hg.] trotzdem mitteile, möge man mir das nicht verübeln. Was mir nützt, kann womöglich auch einem andren nützen.«[71]

Seinem vorsichtigen Erkenntnisanspruch entsprechend drückt sich Montaigne nicht in Form gelehrter, systematischer Abhandlungen über grundsätzliche Fragen aus, sondern schreibt *Essais*, wörtlich »tastende Versuche« über lebenspraktische Beobachtungen und Phänomene, etwa über Affekte, Nichtstun, Erziehung, Freundschaft, Weinen und Lachen, Alter, Trunksucht, Grausamkeit, Zorn, Reue, Willen oder Erfahrung. Montaigne beansprucht zwar kein sicheres Wissen, vertraut aber seinen eigenen Beobachtungen und Urteilen. Die Methode seines Denkens drückt sich in seinem Motto »Was weiß ich?« (*»Que sai-je?«*) aus, das er auf eine Medaille prägen ließ. Darunter ist eine Waage mit zwei Schalen abgebildet, die auf einen Vergleich Ciceros anspielt: »So zwangsläufig, wie die Waagschale unter den aufgelegten Gewichten sinkt, beugt sich auch unser Inneres dem, was ihm plausibel scheint.«[72] Montaigne teilt dem Leser mit, was sich für ihn vom Augenschein her ergibt, wenn man etwas lange und aufmerksam genug betrachtet und abgewogen hat. Dabei beobachtet er nicht nur Gegenstände, Menschen und Situationen, sondern ganz persönliche Empfindungen. Seine Erkenntnisquelle und zugleich Gegenstand ist sein eigenes Ich.

Mit seinem Versuch, die Todesfurcht zu überwinden, steht Montaigne in der Tradition Epikurs (Text 12) oder des römischen Philosophen Lukrez. Beide meinen mit Todesfurcht eine Furcht vor einem jenseitigen, strafenden Gericht und entkräften sie dadurch, dass sie die Existenz der Götter als Richter leugnen. Montaigne dagegen meint keine metaphysisch oder religiös begründete Furcht vor dem Tod, sondern die rein kreatürliche Furcht, dass man aufhört zu leben. Allerdings schränkt er in einem späteren Kapitel die Möglichkeit, sich auf den Tod vorzubereiten, stark ein: »Durch Erfahrung und Übung kann man sich wappnen gegen Schmerzen, Schande, Armut und andere derartige Zustände; aber den Tod können wir nur einmal erleben; ihm gegenüber sind wir alle Neulinge, wenn es soweit ist.«[73] Als eine mögliche Annäherung aber, wie es ist zu sterben, berichtet Montaigne von einem Reitunfall, bei dem er sich schwer verletzte und für einige Zeit das Bewusstsein verlor. Beim Wiedererwachen habe er einen »höchst behaglichen und friedvollen« Zustand gehabt, »ein unsägliches Wohlgefühl«. Ähnlich stellt er sich den Tod vor: frei von Angst und wie einen Schwebezustand oder einen Schlaf.

Montaignes Vergleich mit dem Schlaf erinnert an Sokrates' Schlussworte in der *Apologie* (Text 7, erster Teil). Dort lässt Sokrates offen, ob der Tod nach Art der Mythen als Übergang in ein Jenseits oder als ewiger, traumloser Schlaf zu verstehen ist. Auf die erste Alternative, die platonistische oder metaphysische Lehre aus dem *Phaidon* (Text 7, zweiter Teil), weist Montaigne dagegen zu Beginn des Textauszugs hin, wenn er Cicero zitiert, ohne dass weder er selber noch Cicero Platon als ursprüngliche Quelle erwähnen: »Cicero sagt, philosophieren sei nichts anderes, als sich auf den Tod vorzubereiten (*commentatio*).« Die Vorbereitung verstehe, wie Montaigne fortfährt, Cicero als »Erkenntnissuche und

Kontemplation«, die die Seele »außerhalb des Körpers« beschäftige und sie, wie es ähnlich auch bei Seneca hieß (Text 3), auf die ewige Wahrheit hinlenke. Allerdings geht Montaigne auf diese metaphysische Lesart des Satzes »Philosophieren heißt sterben lernen« mit keinem Wort näher ein. Vielmehr beschäftigt er sich mit der zweiten sokratischen Lesart und ist überzeugt, »daß alle Weisheit und alles Sinnen der Welt letztlich darauf hinauslaufen, uns die Überwindung der Furcht vorm Sterben zu lehren«. Das Ziel der Philosophie könne es allein sein, »uns gut und fröhlich leben zu lassen«, wie sich Montaigne mit der Heiligen Schrift einig weiß. Als Begründung weist er auf die allgemeine Zustimmung zu dieser Haltung hin, ebenso auf die Tatsache, dass niemand für sich das Gegenteil, »Missvergnügen und Ungemach«, von der Weisheit erwarte. Damit begründet er, entgegen seiner sonstigen skeptischen Methode, eine Auffassung vom Philosophieren als Sterbenlernen durch eine allgemeine anthropologische Beobachtung, und nicht allein von seiner eigenen Gefühlslage oder Wahrnehmung her.

Im folgenden Text bezieht sich Montaigne dagegen wieder allein auf seine persönlichen Erfahrungen und Einsichten. Er grenzt sich von der allgemeinen Sorglosigkeit gegenüber dem Tod ab, die aber nach seiner Erfahrung beim plötzlichen Eintreten des Todes in große »Wut und Verzweiflung« umschlage. Stattdessen rät Montaigne zu der Maxime: »Man muß sich daher beizeiten auf den Tod gefaßt machen.« Er selber habe keinerlei Angst vor dem Tod, da dieser früher oder später sowieso komme. Er sei jederzeit zu sterben bereit, indem er sich weder an irgendeinen Menschen noch an irgendein Vorhaben klammere: »Ich löse mich von allem, mein Abschied von jedermann ist schon halb genommen, außer von mir selbst.« Die Loslösung von den Menschen und Projekten bedeutet für ihn aber keine Untätigkeit oder innere Versenkung, sondern tägliche Erfüllung seiner Aufgaben, ohne sich an langfristige Vorhaben zu binden: »Ich will, daß der Tod mich beim Kohlpflanzen antreffe, – aber derart, daß ich mich weder über ihn noch gar über meinen unfertigen Garten gräme.« Montaigne hat das Selbstbild eines gelassenen, von keinen fremden Autoritäten oder Dingen abhängigen Menschen, der sein tägliches Leben in Ruhe lebt und den Tod auf sich zukommen lässt.

Als Übung, sich an das Faktum des Todes trotz aller zuvor geäußerten Einschränkungen zu erinnern und sich dadurch von der Angst vor ihm zu befreien, schlägt Montaigne einige konkrete Maßnahmen vor. Die Friedhöfe sollen nicht außerhalb, sondern mitten in der Stadt zur ständigen Erinnerung liegen; bei Trinkgelagen soll ein Bild des Todes vorbeigeführt werden; und man soll sich so häufig wie möglich danach erkundigen, wie ein Mensch gestorben ist. »Wer die Menschen sterben lehrte, würde sie leben lehren.« Mit dieser abschließenden Feststellung wendet sich Montaigne gegen die im Mittelalter weit verbreitete »Kunst zu sterben« (*ars moriendi*), die gerade nicht darauf vorbereitet, »gut und fröhlich zu leben«, sondern durch Bilder, Gebete und Meditation mit den Freuden des Himmels lockt und mit den Strafen der Hölle droht, um die Menschen zu einem frommen Leben im Sinne kirchlicher Lehre anzuleiten. Seine Auffassung vom Philosophieren als Sterbenlernen überwindet das mittelalterliche metaphysisch-theologische Denken. Er braucht nicht, wie Boethius kurz vor seiner Hinrichtung, den *Trost der Philosophie* (524 n.Chr.), wie dessen Lehrgedicht heißt, um sich durch metaphysische Argumente auf das Jenseits vorzubereiten. Auch fügt Montaigne sich nicht, wie Johannes von Tepls Ackermann von Böhmen in dem gleichnamigen Traktat (um 1400), im Gebet dem Willen Gottes, nachdem er es davor gewagt hatte, dessen Helfer, den Tod, anzuklagen, weil dieser ihm seine geliebte Frau genommen hatte.

Montaigne vertraut viel mehr hinsichtlich des Sterbens – »die größte Aufgabe, die wir zu bewältigen haben«[74] – auf sich selbst. Seine innere Stärke beruht auf der Fähigkeit, sich selbst und seine Beziehung zur Welt sorgfältig zu beobachten und seine Urteile abzuwägen, ohne eine letzte Sicherheit zu benötigen. Montaigne will »weder Philosoph noch Theologe« sein.[75] Er lehnt abstrakte philosophische und theologische Theorien ab und versteht stattdessen ein konkretes Philosophieren als Lebenskunst. Sein Vertrauen auf die menschliche, endliche Vernunft sichert Montaigne durch keine weitere philosophische, theologische oder wissenschaftliche letzte Begründungsinstanz ab. Er beruft sich nicht, wie die Stoiker, auf eine göttliche Vernunft, an der der Mensch teilhabe und so zur Erkenntnis der Wahrheit gelangen könne. Er weiß sich auch nicht, wie im christlichen Glauben, als Geschöpf Gottes geborgen. Schließlich steht ihm auch nicht eine wissenschaftliche Theorie im Sinne Darwins zur Verfügung, dass die Vernunft ein passendes Werkzeug im Prozess der Evolution sei. Ebenso wenig kennt er die psychoanalytische Theorie Erik Eriksons, dass wir, wenn unser frühkindliches Urvertrauen nicht erschüttert wird, als reife Erwachsene eine integre, weise Persönlichkeit entwickeln können (vgl. die Einleitung). Vielmehr hat Montaigne seine Überzeugung von einem konkreten Philosophieren durch lange Erfahrung erworben. Aufgrund seiner Beobachtungen des menschlichen Schicksals und durch ein abwägendes Überlegen kommt Montaigne, wie er im Text schreibt, zu der Einsicht, es sei für ihn am besten, sich frühzeitig »von allem« zu lösen, außer »von mir selbst«. Für ihn bedeutet sterben zu lernen, leben zu lernen, das heißt, sich von vermeintlichen Gütern und Pflichten zu befreien und nur auf sich selbst zu vertrauen. Der »toteste Tod«, das Lösen von allem unnötigen Zwang, ist nach Montaigne am »heilsamsten« für das Leben.

## 9. Wie HANS KÜNG aktive Sterbehilfe philosophisch-theologisch rechtfertigt

Jeder Mensch hofft natürlich auf einen leichten Tod, ohne körperliche Qualen, böse Ängste und Entwürdigung. Aber wie ist es, wenn es anders kommt?

Daß wir in einer Zeit raschen *Wandels des Werte- und Normenbewußtseins* leben, der nicht vom bösen Willen der Menschen, sondern vom raschen Wandel der Gesellschaft, der Wissenschaft, Technologie und auch Medizin produziert wird, wird heute auch von konservativeren Theologen und Bischöfen zugegeben, jedenfalls etwa in Bezug auf ihre veränderte Position zur Empfängnisverhütung. Es kann doch nicht alles vom Teufel stammen, wenn heute immer mehr eine Steuerung der Lebensprozesse möglich und in die menschliche Verantwortung gelegt ist. Zu denken gibt mir: So viele Moraltheologen, die heute noch Probleme mit einer mehr aktiven Sterbehilfe haben, hatten früher ähnliche Schwierigkeiten mit der aktiven, »künstlichen« Geburtenregelung, die sie ebenfalls als ein Nein zur Souveränität Gottes über das Leben interpretiert und verworfen haben, bis sie schließlich einsehen mußten, was freilich der gegenwärtige Papst noch immer nicht einsieht: Schon der *Anfang des Menschenle-*

*bens* ist von Gott in die Verantwortung des Menschen gestellt.

Wäre es da nicht konsequent anzunehmen, daß auch das *Ende des Menschenlebens* mehr als bisher in die Verantwortung des Menschen gelegt ist von demselben Gott, der nun einmal nicht will, daß wir ihm eine Verantwortung zuschieben, die wir selber tragen können und tragen sollen. Mit der Freiheit hat Gott dem Menschen auch das Recht zur vollen Selbstbestimmung gegeben. Selbstbestimmung meint *nicht Willkür, sondern Gewissensentscheidung*! Selbstbestimmung schließt immer Selbstverantwortung ein, und diese hat immer nicht nur eine individuelle, sondern auch eine soziale Komponente (Rücksicht auf andere). Nicht Verantwortung, sondern Leichtfertigkeit, Willkür wäre es, wenn etwa ein Mann besten Alters, unbekümmert um Frau und Kinder, wegen eines Mißerfolges oder Karriereknicks um Sterbehilfe bäte. Aber wäre es auch Willkür, wenn ein Mensch, der sein ganzes langes Leben hindurch redlich gearbeitet und für andere gewirkt hat, am Ende aber – nach eindeutiger ärztlicher Diagnose – von einer Tumorerkrankung oder vielleicht jahrelanger seniler Demenz, totaler Alterssenilität, bedroht ist, dasselbe täte und sich von seiner Familie bei Bewußtsein würdig verabschieden möchte? Muß angesichts der Frage: »In dubio pro vita aut pro conscientia?« (im Zweifel für das Leben oder für das Gewissen?) nicht auch für den Arzt der *Respekt vor dem Gewissen des Patienten und seiner Selbstbestimmung* (selbst angesichts möglicherweise geschwächter Freiheit) *den Vorrang* haben? Etwas anderes als Gewissensrespekt schiene mir ein überholter medizinischer Paternalismus zu sein. Umgekehrt freilich auch: Kein Arzt kann verpflichtet werden, medizinisch irgend etwas gegen sein Gewissen zu unternehmen. Doch kann er im Zweifelsfall verpflichtet sein, bei der Suche nach einem anderen Arzt behilflich zu sein.

Hans Küng (geb. 1928 in der Schweiz) ist Theologe, katholischer Priester und Autor zahlreicher Bücher. Nachdem er als Experte und Berater am Zweiten Vatikanischen Konzil (1962 bis 1965) teilgenommen hatte, entwickelte er sich zunehmend zu einem der bekanntesten und umstrittensten Kritiker der katholischen Kirche. Er setzte sich vor allem für die Abschaffung des Zölibats, die Gleichberechtigung der Frau in der Kirche und eine Ökumene der christlichen Kirchen ein. Nicht zuletzt wegen seiner Kritik am Unfehlbarkeitsanspruch des Papstes wurde Küng 1969 die kirchliche Lehrbefugnis als Theologieprofessor an der Universität Tübingen entzogen. Er blieb aber weiterhin katholischer Priester und leitete bis zu seiner Emeritierung an der Universität Tübingen das Institut für Ökumenische Forschung. Für ein UNESCO-Symposion legte Küng 1989 ein Papier mit dem Titel *Kein Weltfriede ohne Religionsfriede* vor. 1990 hielt er einen weiteren programmatischen Vortrag über die Frage: »Warum brauchen wir globale ethische Standards, um zu überleben?« Nur wenn sich die großen Weltreligionen, so Küngs Überzeugung, friedlich miteinander verständigen und sich auf ihre gemeinsamen ethischen Werte, die zugleich Erfahrung der gesamten Menschheit sind, besinnen, ist auf die Dauer ein friedliches

Überleben möglich. Im Umkehrschluss bedeutet dies: Der Unfriede der Religionen ist eine Hauptursache für den Unfrieden in der Welt. Mit dem von ihm initiierten und geleiteten *Projekt Weltethos* arbeitet Küng daran, diesem Ziel näher zu kommen.

Eine der grundlegenden Fragen eines »Weltethos« für alle Menschen ist nach Küng, wie wir mit dem Ende unseres Lebens umgehen sollen, zumal in einer Zeit, in der durch die Fortschritte der Medizin das Leben immer weiter verlängert werden kann (Text 2). Dadurch wird möglicherweise die Zeit eines qualvollen Lebens ausgedehnt und es vergrößert sich die Zahl der Betroffenen. In Extremsituationen einer schweren Krankheit oder seelischen Not – nicht nur im Alter – kommt bei vielen Menschen der Wunsch auf, lieber zu sterben als weiterzuleben. Wenn die »Erlösung durch den Tod« nicht kommt, kann dies auch dazu führen, sich selbst töten zu wollen und, wenn man nicht mehr dazu in der Lage ist, andere um Hilfe zur Selbsttötung oder um aktive Sterbehilfe zu bitten, in der Regel Ärzte, Angehörige oder Freunde. Bei der aktiven Sterbehilfe wird dem Sterbewilligen ein unmittelbar tödlich wirkendes Mittel zugeführt und damit bewusst und vorsätzlich ein neuer Kausalverlauf in Gang gesetzt. Wie fast weltweit, außer in Holland, Belgien, Luxemburg und im US-Staat Oregon, ist auch in Deutschland die aktive Sterbehilfe verboten. Sie ist als »Tötung auf Verlangen« strafbar (§ 216 Abs. 1 StGB), bei deutlichen Zweifeln am »ernstlichen Verlangen«, etwa bei unzurechnungsfähigen oder schwer depressiven Personen, ist sogar eine Verurteilung wegen Totschlags möglich (§ 212 StGB).

Davon unterschieden wird die passive Sterbehilfe, die einen Verzicht auf lebensverlängernde Maßnahmen bedeutet. Bei ihr wird kein neuer Kausalverlauf verursacht, sondern man lässt den natürlichen Sterbeprozess geschehen, daher spricht man auch vom Sterbenlassen. Bei Patienten, die ihren Willen nicht mehr selber äußern können, beziehen sich Ärzte entweder auf eine »Patientenverfügung«, die seit dem 1. September 2009 bei uns eine stärkere Rechtsverbindlichkeit hat, oder auf den mutmaßlichen, rechtlich sicher festgestellten Willen der betreffenden Personen. In der Mitte zwischen der aktiven und passiven Sterbehilfe steht die Beihilfe zum Freitod, der assistierte Suizid, bei dem man weder ein Mittel aktiv verabreicht noch einen natürlichen Sterbeprozess zulässt. Vielmehr wird dem Sterbewilligen ein tödlich wirkendes Mittel zur Verfügung gestellt, zum Beispiel durch Organisationen wie *Dignitas* in der Schweiz. Da Selbsttötung in Deutschland nicht strafbar ist, kommt ein Helfer zur Selbsttötung oder zum Freitod nicht mit dem Gesetz in einen Konflikt. Die Beihilfe zum Freitod ist aber durch die ärztliche Berufsordnung verboten, da ein Missbrauch befürchtet und ein Widerspruch zum Eid des Hippokrates gesehen wird, der den Arzt zum Heilen verpflichtet.

Was rechtlich oder standesrechtlich verboten und geboten ist, lässt sich nicht notwendigerweise auch ethisch oder theologisch rechtfertigen. Als prinzipieller Einwand gegen die Sterbehilfe generell wird seitens der traditionellen christlichen Theologie vorgebracht, dass Gott allein Herr über das Leben und den Tod sei. In der Philosophie ist gelegentlich, etwa bei Platon oder in der Stoa, ähnlich vom Leben als Geschenk des Gottes oder der göttlichen Natur die Rede. Meistens wird jedoch der autonome Wille des Menschen betont, der frei über sein Leben verfügen darf. Ein Beispiel dafür ist der Tod des Sokrates (Text 7). Er hat durch sein Verhalten vor Gericht sein Todesurteil indirekt provoziert und durch seine Ablehnung der für ihn leicht möglich gewesenen Flucht eine »Beihilfe zum Freitod« durch das Athener Gericht willentlich in Kauf genommen. Während man den Freitod als Vorbedingung für die Legitimität der aktiven Sterbehilfe somit philosophisch eher rechtfertigen kann, ist dies aus theologischer Sicht problematischer. Häufig werden philosophische bzw. moralische und religiöse Bedenken gegen die aktive Sterbehilfe mehr oder weniger deutlich miteinander verknüpft. Wer etwa das Leben als Geschenk oder das Leiden als zugehörig zum Menschsein bezeichnet, geht von einem Bild des Menschen aus, nach dem dieser als unverfügbares Geschöpf Gottes und das menschliche Leben als nicht hinterfragbarer höchster Wert gilt. Der Textauszug von Küng kann zu einer Klärung derartiger moralisch-religiöser Argumente und Bedenken beitragen. Entgegen der offiziellen katholischen Lehrmeinung und der weitgehenden Ablehnung seitens der protestantischen Kirchen tritt Küng grundsätzlich für die aktive Sterbehilfe ein.

In dem zusammen mit seinem Freund, dem Tübinger Rhetorikprofessor Walter Jens, geschriebenen Buch *Menschenwürdig sterben. Ein Plädoyer für Selbstverantwortung* (1995), dem der Text entnommen ist, nennt Küng drei Punkte, die in der neueren Debatte über Sterbehilfe unumstritten seien. Erstens ist, so stellt Küng fest, jegliche »Zwangseuthanasie«, zumal in Erinnerung an die nationalsozialistische Ausrottung »lebensunwerten Lebens« in Deutschland, nichts anderes als Mord. Trotz der historischen Erfahrungen und der generellen Ablehnung des Begriffs »Euthanasie« in Deutschland sollte man aber, so schlägt er vor, diesen Begriff auch bei uns wieder verwenden. Im Griechischen bedeute er ursprünglich »gutes (schnelles, leichtes, schmerzloses) Sterben« und sei positiv oder zumindest neutral verstanden worden. Ob man allerdings, so ist gegen seinen Vorschlag skeptisch einzuwenden, wie im internationalen Sprachgebrauch üblich auch in Deutschland wieder in einem neutralen Sinne von »Euthanasie« reden kann oder sollte, ohne »Zwangseuthanasie« automatisch damit zu verbinden, ist zweifelhaft. Zweitens wird nach Küng Sterbehilfe dann akzeptiert, wenn schmerzstillende Mittel verabreicht werden, um körperliches und psychisches Leiden zu vermindern, zum Beispiel in der palliativen Medizin. Als dritten Punkt, der allgemeine Zustimmung erfährt, nennt Küng die passive Sterbehilfe, etwa durch Abbruch der künstlichen Lebensverlängerung der sogenannten Apparatemedizin oder der Basisversorgung mit Essen und Trinken.

Dieser Punkt ist allerdings einer genaueren Prüfung zu unterziehen, da man, wie etwa der Philosoph Dieter Birnbacher betont, die passive nicht prinzipiell von einer aktiven Sterbehilfe oder nur schwer von der Beihilfe zum Freitod unterscheiden kann.[76] Indem der Arzt mit Einwilligung des Patienten Maßnahmen unterlässt, sind beide nicht untätig, sondern sie sind aktiv. Sie entscheiden sich für bestimmte und gegen andere Vorgehensweisen, zum Beispiel dafür, eine Operation nicht durchzuführen, Medikamente abzusetzen oder Atmungsgeräte abzuschalten. Aktives Handeln dagegen auf ein unmittelbares Handanlegen zu verkürzen, würde den komplexen Kausalketten mit einer jeweils bloß »partiellen Kausalität« nicht gerecht werden. Dies würde, wie man hinzufügen kann, jeden Schreibtischtäter freisprechen – er hat ja nicht selber beim Töten mit Hand angelegt. Mit diesem Einwand will Birnbacher allerdings nicht die passive oder unterstützende Sterbehilfe als geheime aktive Sterbehilfe kritisieren und verbieten, sondern gerade umgekehrt die aktive Sterbehilfe gegen den Pauschalverdacht unzulässiger Tötung oder sogar des Mordes verteidigen. Auch in anderer Hinsicht nimmt er Korrekturen an einem »Schwarz-Weiß-Denken« vor. Der oft behauptete prinzipielle Gegensatz zwischen Palliativmedizin und Sterbehilfe bestehe nicht und das Dammbruch-Argument gegen einen befürchteten Missbrauch (»Wehret den Anfängen«) habe sich bisher empirisch nicht bestätigt. Auch durch ein gezieltes Unterlassen lebensverlängernder Maßnahmen »verfüge« man ferner über Leben und Sterben eines Menschen. Der hippokratische Eid des Arztes als Heiler sei faktisch durch den zweischneidigen Fortschritt der Medizin selbst überholt und müsse durch ein Selbstverständnis vom Arzt als Helfer für ein menschenwürdiges Leben und Sterben ergänzt werden. In bestimmten Situationen habe Lebensqualität vor bloßem Überleben Vorrang. Auch sei eine mögliche Missachtung des Patientenwillens bei einer passiven Sterbehilfe eher gegeben als bei einer aktiven, scharf kontrollierten. Insgesamt plädiert Birnbacher für eine vorsichtige »Öffnung des Rechts in Extremfällen«. Bei unerträglichen Leidenszuständen sei eine aktive Sterbehilfe nicht nur moralisch berechtigt, sondern sogar geboten und müsse daher auch rechtlich straflos gestellt werden. Insgesamt ist Birnbachers Argumentation überzeugend und stützt auch Küngs eigene Position. Selbst wenn man einwenden könnte, schon heute würde der einzelne Arzt in Extremfällen aktive Sterbehilfe leisten, ist es nicht hinnehmbar, dessen persönliches Risiko, bestraft zu werden, einer rechtlichen Grauzone zu überlassen und den berechtigten Wunsch eines Sterbewilligen nicht ärztlich unterstützen zu dürfen. Die moralische Verantwortung kann dem Arzt ohnehin niemand abnehmen. Und die letzte Entscheidung liegt beim Sterbewilligen selbst.

Voraussetzung für die prinzipielle Legitimität der aktiven Sterbehilfe aber ist die Legitimität des Freitods. Hierzu betont Küng in dem Textauszug zunächst die Unantastbarkeit der menschlichen Würde, die auch im »Weltethos« der Religionen und der Menschheit insgesamt unumstritten ist. Daraus folgt aber noch nicht unmittelbar eine Rechtfertigung des Freitods und der aktiven Sterbehilfe. In einem zweiten Schritt weist Küng daher auf die medizinisch zunehmend mögliche »Steuerung der Lebensprozesse« hin, die von der künstlichen Geburtenregelung bis zur Sterbehilfe reicht. Wenn er behauptet, dass »nicht alles vom Teufel stammen« könne, was medizinisch möglich sei, meint Küng nicht etwa, dass alle, auch verbrecherische menschliche Taten, als Werk der Schöpfung – oder der Evolution – zu rechtfertigen sind. Er will damit vielmehr einer grundsätzlichen Verteufelung der aktiven Sterbehilfe entgegentreten. In einem dritten

Schritt gibt Küng schließlich die Rechtfertigung, warum das, was heute medizinisch möglich ist, moralisch gerechtfertigt werden kann. Was in der Philosophie, etwa bei Kant, als Autonomie des Menschen gelte, lasse sich auch theologisch interpretieren: »Mit der Freiheit hat Gott dem Menschen auch das Recht zur vollen Selbstbestimmung gegeben.« Und zur Selbstbestimmung gehöre das Recht auf Selbsttötung und die Inanspruchnahme aktiver Sterbehilfe.

Küng argumentiert aus einem christlichen Selbstverständnis heraus, das allerdings aus traditioneller Sicht zu einer entgegengesetzten Konsequenz führt: Gott habe den Menschen zwar nach seinem Ebenbild als freies Wesen erschaffen. Die Freiheit des Menschen finde aber in der Unverfügbarkeit über Leben und Tod ihre unüberschreitbaren Grenzen. Egal wie man die theologischen Differenzen bewertet, hat Küng mit dem von ihm vertretenen Gottesbegriff und Menschenbild die Basis für die Rechtfertigung aktiver Sterbehilfe aus theologischer Sicht gelegt. Seine Argumentation ist nicht zwingend, aber gut begründet. Wenn Gott dem Menschen die Freiheit gegeben hat, dann hat er ihm auch das Recht gegeben, über den Anfang und das Ende des Lebens zu bestimmen, selbstverständlich in Abgrenzung zu einer Willkürentscheidung. Die von Küng angeführten Beispiele für verschiedene Arten der Entscheidung sind einleuchtend, ebenso seine Ablehnung eines ärztlichen Paternalismus gegenüber dem Patienten und seine Zurückweisung einer Verpflichtung des Arztes zur aktiven Sterbehilfe. Nicht nur der Patient, sondern auch der Arzt ist eine autonome Person. Wenn er keine aktive Sterbehilfe leisten will, sollte er jedoch, so Küng, zumindest einen anderen Helfer vermitteln.

Wer aus theologischen Gründen Bedenken gegen eine aktive Sterbehilfe hat, kann mit Hilfe von Küngs Argumentation seine Einwände überdenken. Vor allem in Deutschland aber ist die unsichere Rechtslage und das bisherige strikte Verbot ein Hindernis, eine moralisch gerechtfertigte, aktive Sterbehilfe auszuüben.

Dies muss Hans Küng selber am Schicksal seines Freundes erfahren. Walter Jens, der an schwerer Demenz erkrankt ist, würde am liebsten sterben. Aber aus rechtlichen Gründen kann er keine aktive Sterbehilfe beanspruchen, die er in dem gemeinsamen Buch bejaht hatte. Küng schreibt im Jahre 2010 in einem Zeitungsbeitrag, wie ihn das Leiden des 87-jährigen Freundes erschüttert: »Am Anfang seiner Krankheit antwortete er auf meine Frage ›Wie geht es dir, mein alter Freund?‹ mit den Worten: ›Schlecht. Es ist schrecklich. Ich möchte sterben.‹ Ich fühlte mich rat- und machtlos. [...] Mich erschüttert der Zustand meines Freundes, seine hilflosen Sterbe-Appelle und seine Angst zu sterben. Und die Tatsache, dass ich so gar nichts für ihn tun kann.«[77] Küng weist in diesem Zusammenhang auf den Fall eines Arztes hin, der sich in verschiedenen Apotheken kleinere Mengen eines tödlich wirksamen Mittels verschaffe, um seine beabsichtigte Sterbehilfe für seine schwerkranke Mutter unentdeckt zu machen. Das Risiko einer Entdeckung und Bestrafung sei hoch. Küng erwägt daher nicht die Möglichkeit einer gezielten Beihilfe zum Freitod, offensichtlich weil der Sterbewunsch psychisch kranker, depressiver Menschen nach deutscher Rechtsauffassung nicht berücksichtigt werden kann, selbst nicht in einem so gravierenden Fall wie bei Walter Jens. Außer seiner Bewunderung für die aufopfernde Pflege durch die Ehefrau von Walter Jens bleibt ihm zuletzt lediglich eine religiöse Lösung, indem er den Tod seines Freundes dem göttlichen Schicksal überlässt. Zugleich schränkt er das von ihm befürwortete Recht auf aktive Sterbehilfe in einem für ihn wichtigen Punkt ein: »Deutlicher als früher ist mir jetzt bewusst, dass man angesichts eines Menschen, der keine körperlichen, sondern nur seelische Schmerzen erfährt, sich nicht befugt sehen kann einzugreifen, ja, dass unter Umständen nichts anderes übrigbleibt, als den Lauf des Geschehens einer anderen, höheren Instanz anheimzustellen.«

Aus religiöser Sicht mag es tröstlich sein, einen Schwerstkranken der Obhut Gottes zu empfehlen. Dass man ihm allerdings gerecht wird, wenn man davon spricht, er erfahre »keine körperlichen, sondern nur seelische Schmerzen«, kann man bestreiten. Was es heißt, dass Sterben von unerträglichen Schmerzen möglichst frei sein solle, ist keineswegs eindeutig. Küng gewichtet die körperlichen höher als die seelischen Qualen. Man kann dies aber umkehren oder zumindest beide Arten von Schmerz gleich bewerten. Die Frage, ob und wann aktive Sterbehilfe erlaubt oder sogar geboten ist, führt somit letztlich auf die nicht eindeutig zu beantwortende Frage, wie wir uns selber als Menschen verstehen, was uns wichtig ist und was uns vor allem körperlich und seelisch schmerzt. Daher kann man Hans Küng trotz seiner strittigen Auffassung, was Schmerz bedeutet, in der grundsätzlichen Forderung seines Artikels zustimmen: »Vor allem aber soll dem einzelnen Menschen angesichts der oft verdrängten letzten Fragen der menschlichen Existenz die Anregung zu einer ›Ars moriendi‹, einer ›Kunst des Sterbens‹, gegeben werden, um ohne irreführende Illusionen und unnötige Ängste über den Tod und die Konsequenzen für ein Leben davor und danach nachzudenken.« Dieses Nachdenken kann, muss aber nicht religiös verstanden und praktiziert werden. Wir sind frei, welchen Fragen wir uns stellen und welche Argumente uns überzeugen (vgl. Text 7). Religiöse Antworten sind, so auch Küng, eine Sache des Vertrauens und Glaubens, nicht des Wissens. Ein Sokrates oder Kant würden ihm hierin zustimmen.

# Lebenssinn und Lebensglück

## 10. Wieso Fernando Pessoa alles absurd vorkommt

Alles ist absurd. Der eine verwendet sein Leben darauf, Geld zu verdienen, das er spart, und hat weder Kinder, denen er es hinterlassen kann, noch die Hoffnung, daß irgendein Himmel einen transzendenten Betrag für ihn bereithalten könnte. Ein anderer strebt nach posthumem Ruhm und glaubt nicht an jenes Überleben, das ihm von diesem Ruhm Nachricht bringen könnte. Wieder ein anderer verausgabt sich auf der Jagd nach Dingen, die er nicht wirklich möchte. [...]

Der eine liest, um zu lernen, vergeblich. Ein anderer genießt, um zu leben, ebenfalls vergeblich.

Ich fahre in der Straßenbahn und beobachte, wie es meine Art ist, geruhsam und in allen Einzelheiten, die Personen, die ich vor Augen habe. Für mich sind diese Einzelheiten Dinge, Stimmen, Sätze. Das Kleid des jungen Mädchens vor mir betrachte ich unter verschiedenen Gesichtspunkten: dem Stoff, aus dem es gefertigt ist, und der Arbeit, die es erforderte – denn ich sehe es als Kleid und nicht als Stoff –, und in der feinen Stickerei, die den Halskragen säumt, sehe ich wiederum die Seidenfäden, mit denen man sie anfertigte, und die Arbeit, die diese Stickerei kostete. Und unvermittelt wie in einem Lehrbuch für

Volkswirtschaft erstehen vor mir die Fabriken und die Arbeitsleistungen – die Fabrik, in der der Stoff hergestellt wurde; die Fabrik, in der die dunkleren Seidenfäden gewebt wurden, die den Stoff mit kleinen verdrehten Dingen verzieren, wo er den Hals umschließt; und ich sehe die einzelnen Abteilungen der Fabriken, die Maschinen, die Arbeiter, die Näherinnen, mein nach innen gekehrter Blick dringt in die Büros, ich sehe die Geschäftsführer, um Gelassenheit bemüht, und verfolge in den Hauptbüchern die Buchhaltung des Ganzen; doch nicht nur das: Ich habe darüber hinaus das häusliche Leben der Menschen vor Augen, deren soziales Leben sich in diesen Fabriken und Büros abspielt... Die ganze Welt bietet sich mir dar, nur weil ich vor mir um einen braunen Hals, mit einem mir unbekannten Gesicht auf der anderen Seite, eine regelmäßig unregelmäßige dunkelgrüne Bordüre auf dem Hellgrün eines Kleides wahrgenommen habe.

Das ganze soziale Leben liegt vor meinen Augen.

Darüber hinaus ahne ich die Lieben, die Sekrete *[sic]* und Seelen all derer, die dafür gearbeitet haben, daß diese Frau, die vor mir in der Elektrischen sitzt, um ihren sterblichen Hals die verschlungene Banalität eines dunkelgrünen Seidenzwirns auf einem weniger dunkelgrünen Stoff tragen kann.

Mich schwindelt. Die Bänke der Elektrischen, aus einem kräftigen, engmaschigen Strohgeflecht, befördern mich in ferne Regionen, vervielfältigen sich zu Industrien, Arbeitern, Arbeiterwohnungen, Lebensläufen, Wirklichkeiten, zu allem.

Ich steige erschöpft und wie mechanisch aus. Ich habe soeben das ganze Leben gelebt.

Fernando Antonio Nogueira Pessoa (1888–1935) ist ein portugiesischer Dichter, Philosoph, Geisteswissenschaftler und Angestellter eines Handelshauses. Er lebte und starb in seiner Heimatstadt Lissabon, lediglich seine Kindheit und Jugend verbrachte er in Südafrika. Nach einem Studium der englischen Literatur und der Philosophie arbeitete er als Handelskorrespondent als unscheinbarer Angestellter. Zu seinen Lebzeiten veröffentlichte er vor allem Gedichte und gründete die Zeitschrift *Orpheu*. Erst Jahre nach seinem Tod erschien *Das Buch der Unruhe* (1982), dem der Textauszug entnommen ist. Es besteht aus einer Sammlung von Fragmenten, an der Pessoa jahrelang gearbeitet hat, und gilt als seine wichtigste Prosa-Schrift. Die vollständige Fassung erschien in deutscher Übersetzung erst 2003. Pessoas gesamter Nachlass aber, den er in einer Truhe mit zahllosen Zetteln und Notizen aufbewahrt hatte, ist bis heute noch nicht komplett veröffentlicht.

Eine Skulptur Pessoas vor dem Café *A Brasileira* im Stadtteil Chiado in Lissabon zeigt, wie der Dichter inmitten des alltäglichen Lebens seiner Heimatstadt gelebt und geschrieben hat. An diesem Leben allerdings hat er gelitten und keinen Sinn in ihm gesehen. Er brauchte das Treiben in den Cafés und in den Straßen, war aber zugleich angeekelt davon. Ihn trieb eine nur schwer zu verstehende Unruhe, die in der Person des Hilfsbuchhalters Bernardo Soares ihren Ausdruck fand. Pessoa gab seine Schriften immer unter anderen Namen heraus (Heteronyme), die jeweils für eine eigene Biographie und Denkweise stehen. Bernardo Soares aber, der fiktive Verfasser vom *Buch der Unruhe*, trägt nicht nur in seinem Beruf, sondern auch in seinen Auffassungen vom Schreiben viele Züge von Pessoa selbst. Für beide, Soares und Pessoa, bedeutet Schreiben ein perspektivisches Träumen: »Ich erschuf in mir verschiedene Persönlichkeiten. Ich erschaffe immerzu Persönlichkeiten. Jeder meiner Träume verkörperte sich, sobald ich ihn träumte, in einer anderen Person, die ihn dann weiterträumt statt meiner.« (Fragment 299)

Der Text setzt mit der Behauptung ein, alles Leben sei absurd, und stellt die Möglichkeit eines erfüllten Lebens insgesamt und auch im Alter auf eine extreme Zerreißprobe, der man sich kaum entziehen kann. Absurd ist nach Albert Camus etwa das Handeln des Sisyphos in seinem berühmten *Mythos von Sisyphos* (1942). Sisyphos wälzt als Strafe dafür, dass er sich als Mensch gegen die Götter aufgelehnt hatte, einen Stein den Hang eines Hügels hinauf, muss aber immer wieder von Neuem damit anfangen. Der Stein rollt jedes Mal herunter, wenn es Sisyphos fast geschafft hat, ihn bis oben hinaufzurollen. Obwohl er nie ans Ziel gelangt und somit eine »unnütze und aussichtslose Arbeit« verrichtet, hält ihn Camus, wie es am Schluss heißt, für glücklich: »Der Kampf gegen den Gipfel vermag ein Menschenherz auszufüllen. Wir müssen uns Sisyphos als einen glücklichen Menschen vorstellen.« Über diesen Schluss ist viel gerätselt worden. Wie kann ein derartig absurdes Handeln jemanden glücklich machen? Das Glück des Sisyphos liegt darin, so kann man

Camus verstehen, dass er überhaupt den Kampf gegen die Götter gewagt hat. Die aberwitzige Arbeit wurde ihm zwar als Strafe aufgezwungen, ist aber letztlich das Ergebnis seiner freien Entscheidung, sich gegen die Götter aufzulehnen. Er musste wissen, dass die Götter ihn strafen. Für ihn ist es jedoch besser, aus eigener Kraft ein aufgezwungenes Ziel vergeblich anzustreben, als ewig der Macht der Götter unterworfen zu sein und nur durch ihre Gnade ein glückliches Dasein führen zu können: »Sein Schicksal gehört ihm.«[78] Die Arbeit des Sisyphos prägt sein gesamtes Dasein: äußerlich ist es trostlos, innerlich triumphiert er über die Götter. Sisyphos hat den ersten Schritt zum freien Menschen gewagt.

Anders als Sisyphos kann es Soares, wie der Textauszug beginnt, nicht als Glück ansehen, dass die Menschen aussichtslos allen möglichen Zielen nachjagen. Soares findet es nicht absurd, dass die Jagd der Menschen nach Glück oft vergeblich ist oder dass sie wertlosen Zielen dient. Beides mag stimmen, ist aber für ihn nicht entscheidend. Er stimmt nicht in die mittelalterliche Klage über die *vanitas vitae*, die Vergeblichkeit des Lebens, ein. Vielmehr kommt es ihm absurd vor, dass die Menschen meistens nicht wissen, was sie tun und wozu sie es tun. Sie leben blind dahin. Man könnte ihm aber entgegnen, dass man dies nicht immer wissen muss. Manches macht man ohne besonderen Grund. Es bereitet uns einfach Freude, wenn wir Blumen pflanzen, spazieren gehen, ein Buch lesen oder mit Freunden feiern, ohne dass wir uns fragen müssen, welchen tieferen Sinn diese Beschäftigungen haben.

Vielleicht würde Soares dies zugeben. Aber er findet nicht

nur die einzelnen menschlichen Bestrebungen absurd, sondern genauso die Zusammenhänge, in denen sie stehen. Auf einer Straßenbahnfahrt betrachtet er »das Kleid des jungen Mädchens« vor ihm. Ausgehend von diesem Detail erschließt sich ihm in phänomenologischer Analyse ein allgemeiner Lebenszusammenhang. Das Kleid verweist auf die Bearbeitung des Stoffes, weiter auf die Stickereien, dann auf die Arbeitsleistungen in der Fabrik, auf die Arbeiter, die Büros, die Geschäftsführer und die »Hauptbücher der Buchhaltung«, den eigenen Beruf von Soares und Pessoa. Schließlich sieht Soares das ganze »häusliche« und »soziale« Leben der Menschen vor seinem geistigen Auge, sogar »die Lieben, die Sekrete und Seelen« all derer, die dafür gearbeitet haben, dass die junge Frau dieses Kleid tragen kann.

Der beschriebene Zusammenhang erscheint auf den ersten Blick durchaus sinnvoll. Alles hat seinen Platz und erfüllt seine Funktion. Wie die einzelnen Bestrebungen des Menschen, ist allerdings für Soares das funktionale Ganze völlig unbefriedigend: »Mich schwindelt [...] Ich steige erschöpft und wie mechanisch aus. Ich habe soeben das ganze Leben gelebt.« Soares schwindelt vor der »verschlungenen Banalität«. Sein Unbehagen ist jedoch nicht ohne Weiteres nachvollziehbar. Natürlich kommt man sich häufig bloß als Rad im Getriebe vor, und oft ist man es auch tatsächlich. Wir können aber auch unser Leben mitgestalten. Wir können Freude an Tätigkeiten haben, die in den verbleibenden Freiräumen für uns einen Selbstzweck darstellen

Warum aber sieht und würdigt Soares nicht, wie reichhaltig und bunt die Welt und das Leben der Menschen ist? Ist er ein krankhafter Pessimist und ewiger Kritiker der modernen Zivilisation? Man kann Soares' Schwindel nur verstehen, wenn man seine grundlegende Unruhe sieht, die seiner gesamten Fragmentsammlung den Namen gibt. Als absurd und geradezu ekelhaft empfindet er das von ihm beobachtete Leben: »Nicht die schäbigen Wände meines gemieteten Zimmers, nicht die alten Schreibtische des Büros, in dem ich arbeite, nicht das Ärmliche der vertrauten Unterstadtstraßen dazwischen [...] – nicht sie sind die Ursache für den geistigen Ekel, der mich angesichts der Schäbigkeit des Alltagslebens so häufig befällt. Die Menschen, die mich gewöhnlich umgeben, die Seelen, die mich durch tagtägliches Zusammensein und Gespräche kennen, ohne mich zu kennen, sie verursachen jenen Speichelkloß physischen Ekels in meinem geistigen Hals. Die schäbige Monotonie ihres Lebens, dem äußeren Ablauf des meinen parallel, ihre festen Überzeugungen, meinesgleichen zu sein, sie stecken mich in die Zwangsjacke, in die Zuchthauszelle, machen mich apokryph und zum Bettler.« (Fragment 36) Soares fühlt sich durch die Menschen geistig eingeengt und verarmt; er bleibt lieber »apokryph«, das heißt verborgen, um mit ihnen nicht gemeine Sache machen zu müssen. Seine Ablehnung geht so weit, dass er jede soziale, erst recht jede emotionale oder erotische Bindung ablehnt: »Wie ermüdend, geliebt zu werden, wahrhaft geliebt zu werden. [...] Wie ermüdend, unsere Existenz ganz und gar abhängig zu sehen von der Gefühlsbindung von einem anderen Menschen.« (Fragment 235)

Soares wird getrieben von einem unerfüllten und unerfüllbaren Bedürfnis nach absoluter Freiheit: »Angehören heißt Banalität. Ein Glaube, ein Ideal, eine Frau, eine Profession – all das heißt Zelle und Fessel. Sein heißt frei sein. [...] keinerlei Bindung, auch nicht an uns selbst.« (Fragment 236) Soares selber empfindet die totale Bindungslosigkeit aber keinesfalls als Glück, sondern als schrecklich-schönen Alptraum, den er nur in der Distanz des Träumenden oder Schreibenden auskosten kann: »Ich wünschte mir, die Lektüre dieses Buches hinterließe bei Ihnen den Eindruck eines wollüstig durchlebten Alptraums.« (Fragment 215) Bindungslosigkeit ist für Soares der Grundzug der Moderne, die ihren Zustand der inneren Zerrissenheit selber nicht sieht. Die Menschen erkennen nicht, dass es überhaupt keine tragfähigen Bindungen mehr gibt. Soares beschreibt sich, Friedrich Nietzsche ähnlich, als unverstandenen »Dolmetscher für einen Teil unseres Jahrhunderts« (Fragment 191): »Wir befinden uns auf hoher See, ohne die Vorstellung von einem Hafen, in dem wir hätten Zuflucht suchen können.« (Fragment 306) Auch der heilige Augustinus (354–430) war von einer unstillbaren Unruhe getrieben, fand aber Halt in Gott, wie er zu Beginn seiner *Bekenntnisse* schreibt: »Ruhelos ist unser Herz, bis daß es seine Ruhe hat in Dir.« Pessoas Soares dagegen sieht sich in eine Zeit hineingeboren, die »keinerlei Sicherheit in religiöser Hinsicht, keinerlei Halt in moralischer Hinsicht, und keinerlei Ruhe in politischer Hinsicht« bieten kann (Fragment 175). Seine Diagnose trifft auf unsere heutige Zeit verschärft zu. Die Klage über »Orientierungslosigkeit« und »Bindungsunfähigkeit« ist in aller Munde, wird aber in ihrer Tiefendimension kaum verstanden. Religion,

Moral und Politik können uns nicht den einen, großen Sinn vorgeben. Wir sind auf unsere eigenen Kräfte angewiesen.

Wie aber kann man ein Leben ertragen, in dem alle Bindungen sinnlos sind? Soares ist zerrissen zwischen der Lust an absoluter Freiheit und der Angst vor ihr. Die Menschen jagen seiner Meinung nach irgendwelchen Zwecken nach und sind eingebunden in irgendwelche Zusammenhänge. In ihrem blinden Zustand sind sie sogar glücklich: »Das Glück all jener Menschen, die nicht wissen, daß sie unglücklich sind, verärgert mich. Ihr Leben ist für einen wirklich Sensiblen eine Abfolge quälender Ängste. Da aber ihr wahres Leben rein vegetativ ist, geht das Leid durch sie hindurch, ohne ihre Seelen zu berühren.« (Fragment 313) Um der Qual eines sinnlosen Lebens zu entgehen, möchte Soares am liebsten, wie die anderen Menschen, nicht mehr darüber nachdenken müssen oder überhaupt nicht mehr leben, nur noch schlafen. Die Menschen um ihn herum aber leben gerade in ihrem unbewussten Zustand glücklich weiter: »Im heutigen Leben gehört die Welt einzig den Dummen, den Selbstgefälligen und Umtriebigen. Das Recht zu leben und zu triumphieren erwirbt man heute mehr oder minder mit den gleichen Mitteln, mit denen man die Einweisung in ein Irrenhaus erreicht: die Unfähigkeit zu denken, die Unmoral und die Übererregtheit.« (Fragment 175)

Mit dem elitären Gestus aller »großen Geister« von Heraklit über Augustinus bis Nietzsche geißelt Pessoas Soares die vermeintliche Dummheit und Oberflächlichkeit seiner Mitmenschen und der Moderne insgesamt, ohne zu sehen, dass er die Welt lediglich in Schwarz-Weiß-Malerei wiedergibt.

Weder sind alle Menschen dumm noch ist alles absurd. Es existieren auch andere nachdenkliche Menschen unter den seit Heraklit und Platon oft geschmähten »vielen«, und es gibt Tätigkeiten und Zusammenhänge, die durchaus sinnvoll und lustvoll sind, etwa die gesellschaftlichen und politischen Bemühungen um eine soziale, ökologische und friedliche Welt oder das Betrachten einer Blume. Selbst funktionale Zusammenhänge, ob bei der Herstellung eines Kleides, eines Autos, eines Buches oder eines Essens, sind nicht nur überlebensnotwendig, sondern können auch in sich selbst sinnvoll sein. Statt auf Zwischenfärbungen zu achten und bunte Farben in sein tristes Bild einzumischen, flüchtet sich Soares in den passiven Traum eines gelassenen Lebens: »Gelassen und mit nicht mehr als einem Lächeln in der Seele betrachte ich mein Leben, für immer auf diese Rua dos Douradores begrenzt, auf dieses Büro, dieses Milieu, diese Menschen. Ein Einkommen, das mir Essen und Trinken sichert, eine Behausung verschafft und einen geringen Spielraum in der Zeit, um zu träumen, zu schreiben und – zu schlafen, was könnte ich mehr von den Göttern erbitten oder vom Schicksal erwarten?« (Fragment 18) Soares stellt aber für sich fest: »Zur Entspannung fehlt mir die Gesundheit der Seele.« (Fragment 122)

Und weiter träumt Soares von »diesem kleinen vertrauten Winkel im großen System des Universums«, seiner geliebten Heimatstadt Lissabon: »Im Grunde bin ich mit wenig zufrieden: zum Beispiel, daß der Regen aufgehört hat und in diesem glücklichen Süden eine prächtige Sonne scheint, daß die Bananen gelber wirken, weil sie schwarze Flecken haben, daß die Leute sie verkaufen, weil sie reden können, daß da die Rua da Prata mit ihren Bürgersteigen ist und im Hintergrund der Tejo, blau, grün-golden.« (Fragment 170) Erneut stellt Soares fest, dass dieser Traum für ihn nur ein Traum bleibt: »Nichts ist mir vertraut, nicht weil ich es befremdlich fände, sondern weil ich nicht weiß, was es ist. Die Welt ist mir abhanden gekommen.« (Fragment 196) Soares ahnt durchaus, was es heißen könnte, in der Seele »gesund« und mit der »Welt« vertraut zu sein: »Nichts verstehen wollen, nicht analysieren … sich sehen wie die Natur; seine Empfindungen betrachten wie eine Landschaft – das ist weise sein.« (Fragment 252) Soares findet aber weder zu einer Weisheit und Gelassenheit, noch kann er die Möglichkeit einer gestaltenden Teilnahme an der Welt ergreifen. Er kann sich einem bewusstlosen Naturerleben oder der Gemeinschaft von Menschen nicht hingeben und es gelingt ihm nicht, das Leben differenzierter wahrzunehmen, um es zu genießen und vielleicht sogar zum Besseren hin zu gestalten. Soares ist seinem Schwindel und Ekel hilflos ausgeliefert. Er kann sich nicht einfach in die »Bordüre« am Kleid des Mädchens verlieben, erst recht nicht in das Mädchen selbst.

Was fehlte Soares? Pessoa hat in Soares einen möglichen, aber nicht den einzigen Typ des modernen Menschen gezeigt. Im Unterschied zum Macher, zum Hedonisten oder Machtmenschen steht Soares für das unglückliche Bewusstsein der Moderne, indem er in totaler Distanz zu sich selbst, den Menschen und der Welt lebt, sehnsüchtig von einem gelassenen Leben träumt oder nostalgisch vergangenen Sinnbezügen nachtrauert. Er hat dabei die Arbeit des Sisyphos aus dem Auge verloren, sich und die Welt aus der Macht der Götter oder anderer Fesseln zu befreien und damit sein Schicksal in die eigene Hand zu nehmen. Beide Figuren, Soares und Sisyphos, kennzeichnen konträre Möglichkeiten, als Mensch der Moderne zu leben. Beide Varianten stellen für den Einzelnen eine Herausforderung dar, spätestens in der bilanzierenden Rückschau und Reflexion auf die verbleibenden Möglichkeiten des Alters. Die Fähigkeit, ein zugewandtes statt ein einsames Leben zu führen, ist Ausdruck der von Erikson beschriebenen »integren« Persönlichkeit im späten Erwachsenenalter.[79] Sie setzt voraus, dass man von seiner frühen Kindheit an ein »Urvertrauen« in sich selbst und die anderen entwickeln konnte, weil man genügend Liebe erfahren hat. Diese Erfahrung mag nur bruchstückhaft gewesen sein, und oft wurde sie durch erlittene Verluste verschüttet, wie offensichtlich bei Soares. Sich aber an das Erlebnis von Zuwendung zu erinnern, die Enttäuschungen zu verarbeiten und sich mit seinem Leben als Ganzes zu versöhnen, ist Altersweisheit und eine Voraussetzung dafür, dass man die erfahrene Wärme an andere weitergeben kann.

## 11. Warum nach Günther Patzig menschliches Leben in sich sinnvoll sein kann

Niemand wird, wenn er heranwächst, und auch später im Leben nicht, der Frage ausweichen können, ob das menschliche Leben überhaupt und auch sein eigenes Leben sinnvoll ist. In diese Frage gehen nun eine Reihe von Vorüberlegungen ein, die philosophischer Überprüfung bedürfen. Häufig wird mit Argumenten, die eigentlich nicht akzeptiert werden können, die Frage nach dem Sinn des Lebens verneint, oder es werden kaum zu realisierende Bedingungen aufgestellt, unter denen allein das Leben des Einzelnen und der Menschheit überhaupt sinnvoll sein könnte. Ich möchte nun einige solcher Gesichtspunkte einer philosophischen Analyse unterziehen und werde mich natürlich dabei nicht auf Einzelheiten einlassen, um möglichst allgemein verständlich zu bleiben.

Hat das Leben einen »Sinn«, wenn es doch einmal spurlos zu Ende und verschwunden sein wird? Selbst wenn wir von in näherer Zukunft möglichen historischen und technischen Katastrophen einmal absehen, so steht doch als unaufschiebbares Ende der Menschheitsgeschichte schon jetzt fest, daß in einigen Milliarden Jahren die Sonne, das Zentralgestirn unseres Planetensystems, die in der Geschichte von Fixsternen ganz normale Phase eines »roten Riesen« durchlaufen wird, so daß der Sonnenrand sich bis über die Erdbahn, also bis über 150 Millionen Kilometer, aufblähen und die Erde verbrennen wird. Spätestens dann werden alle Spuren eines menschlichen Lebens vollständig vernichtet sein. Bedeutet das nicht, daß das Leben der Menschheit im Ganzen sinnlos ist? Ebenso, wie meine und Ihre heutigen Sorgen und Hoffnungen, Freuden und Schmerzen nach dem Grundsatz »In fünfzig Jahren ist alles vorbei!« einmal vergangen und vergessen sein werden? Ist das menschliche Leben, sowohl im Einzelnen wie in der Gesamtheit, schon deshalb sinnlos, weil es eines Tages ohne Rest vergangen und vergessen sein wird?

Nur wer so denkt, macht einen logischen Fehler: Er behandelt nämlich alles, was geschieht, alle Vorgänge und Handlungen so, als wären sie Mittel zu einem Ziel oder Zweck, als würden sie um eines Resultats willen getan. Solche Handlungen und Vorgänge gibt es zweifellos: Meine Mühe war umsonst und sinnlos, wenn ich z. B. einen Text auf Tonband spreche und nachher feststellen muß, daß wegen eines Schaltfehlers keine Aufnahme stattgefunden hat. Sinnlos war die Arbeit der Landwirte, wenn ihre Ernte durch Hagelschlag restlos vernichtet wird usw. Es gibt eben Handlungen, die nur dadurch »sinnvoll« werden, daß irgendein Resultat eintritt, ein Produkt entsteht. Aber es gibt auch andere Handlungen. Die haben, wie man dann sagen könnte, ihren Sinn in sich selbst. Viele Handlungen sind von der Art, daß sie sowohl um eines Zweckes willen wie auch um ihrer selbst willen ausgeführt werden können. Reisen ist ein gutes Beispiel: Manchmal reist man ausschließlich, um zu irgendeinem bestimmten Ort und einer bestimmten Veranstaltung zu kommen, die Reise ist bloß Mittel zum Zweck; manchmal reist man »nur so«, und dann ist das Reiseerlebnis selbst der Sinn der Reise. Man kann etwas lesen, um Informationen zu gewinnen, man kann aber auch »nur so« lesen, des Vergnügens an dem Aufnehmen des vielleicht künstlerisch wertvollen Textes wegen. Leben gehört nun zu dieser zweiten Sorte von Vollzügen und Vorgängen; man kann zwar für etwas leben, aber nicht »um zu«. So wie der Sinn einer Reise im Vollzug besteht und sich nicht dadurch auflöst, daß man da wieder ankommt, wo man abfuhr, so wird auch das Leben nicht sinnlos dadurch, daß es keine überdauernden Resultate abwirft, daß alles beim alten bleibt, daß irgendwann einmal »sowieso alles aus« ist. Der Sinn des Lebens besteht darum nicht in dem, was bleibt. Das schließt nicht aus, daß das Leben einiger Menschen wenigstens für längere Zeit noch über ihren eigenen Tod hinaus Wirkungen für andere Menschen hinterläßt. Viele Menschen streben danach, in dieser Weise etwas, z. B. eine geistige Erbschaft, zu hinterlassen. Dies ist ein legitimiertes Bestreben, aber es kann keine Rede davon sein, daß jedes Leben, das nicht in dieser Weise über seinen eigenen Tod hinaus wirksam bleibt, etwa sinnlos wäre.

Viele Menschen meinen auch, das Leben habe keinen Sinn, wenn es nicht einbezogen werden kann in einen übergreifenden Zusammenhang, z. B. in den Heilsplan Gottes oder in einen historischen Zusammenhang. In vielen Fällen meinen wir wiederum allerdings mit der Aussage, daß etwas »Sinn habe«, daß es in einen solchen größeren Zusammenhang eingeordnet werden kann. Es gibt viele religiös bestimmte Menschen, die der Ansicht zuneigen, unser menschliches Leben erhalte nur dadurch einen Sinn, daß wir in einer besonderen Beziehung zu Gott stehen und daß unser Leben in Gottes Willen einbezogen ist. Andere Menschen denken hier an andere, den Einzelnen übergreifende Zusammenhänge: Das Leben des Einzelnen hat nach dieser Auffassung nur Sinn, wenn es funktional in das Leben der Gemeinschaft oder seiner Klasse oder der Menschheit oder des Volkes einbezogen und eingeordnet ist. So wie einzelne Handlungen ihren Sinn im Zusammenhang mit anderen Handlungen eines Lebens haben, so hat, nach dieser Auffassung, das einzelne Leben möglicherweise Sinn nur im Zusammenhang eines übergeordneten Ganzen. Ähnlich wie die Arbeit des Einzelnen in einem Betrieb nur dadurch sinnvoll wird, daß sie in das funktionale Ganze der Produktion einbezogen ist, oder das Spiel eines einzelnen Musikers eines Orchesters seinen Sinn im Zusammenklang der Instrumente findet.

Dies ist ein möglicher Ansatz für die Sinndeutung, aber ein solcher Bezug auf übergreifende Zusammenhänge ist doch keineswegs notwendig. Ich möchte hier einen Unterschied zwischen »transzendentem« und »immanentem« Sinn einführen. Ein transzendenter Sinn ist eben von der Art, daß er über das Leben des Einzelnen hinausweist; ein immanenter Sinn kann sich innerhalb des Lebens des Einzelnen entfalten.

Ich möchte nun behaupten, daß man vom Sinn eines menschlichen Lebens auch sprechen kann, wenn es überhaupt gar keine transzendenten Sinnbezüge geben würde, obwohl ich keineswegs Einwände dagegen erheben möchte, daß solche transzendenten Sinnbezüge den Sinngehalt eines Lebens erhöhen und steigern können. Auch wenn wir von Gottes Heilsplan und seiner Existenz gar nichts wissen könnten, auch wenn wir die übergreifenden Zusammenhänge nicht durchschauen, in denen das Leben eines Einzelnen oder unser eigenes Leben stehen mag: Auch dann können wir von einem (mehr oder weniger) sinnvollen Leben des Individuums reden. Woran orientieren wir uns dabei? Nun, offensichtlich an den Zielen, die der Einzelne verfolgt, an den Wünschen, die er hat, und an den Bindungen, die er zu Personen und ihm emotional wichtigen Inhalten und Gegenständen erlebt und realisiert. Ein subjektives Engagement ist insofern die Quelle des immanenten Lebenssinns, ob es sich dabei nun um persönliche Bindungen, um politische Aktivitäten, wissenschaftliche Interessen oder auch nur um so etwas wie Sammlerleidenschaft handelt (dies alles kann ja in einem Individuum zusammenkommen). Welche Inhalte von dem Einzelnen in diesem Sinne als Lebenssinn erlebt werden, ist für die Frage nach dem Sinnvoll- oder Weniger-sinnvoll-Sein einer individuellen Existenz nicht von Bedeutung. Jedenfalls gibt es eine legitime Bedeutung des Ausdrucks »Lebenssinn«, nach der das Maß des Sinnvoll-Seins eines Lebens durch den Reichtum an solchen emotionalen Bindungen, die subjektiv erlebt werden, definiert wird.

Dafür dürfte eine Bestätigung sein, daß in dem Krankheitszustand einer psychischen Depression gerade diese Fähigkeit, sich emotional zu engagieren und zu binden, verschwindet und daß die jeweils von der Krankheit Betroffenen dies so ausdrücken, daß sie den Eindruck haben, »alles sei so sinnlos« geworden.

Ein solcher immanenter Sinnbegriff setzt keinen Zusammenhang des individuellen Lebens mit dem Leben eines übergeordneten Ganzen voraus. Immerhin könnten wir auch noch im Rahmen eines so immanent verstandenen Sinnkonzepts zwischen subjektiv und objektiv beurteilten und beurteilbaren Sinnverständnissen unterscheiden. Bei der Beurteilung eines Lebenssinns kommt es in gleicher Weise nur darauf an, was derjenige, dessen Leben es ist – oder derjenige, der sein eigenes Leben beurteilt –, an Fülle und Intensität des Engagements mit einbringt. Für eine objektive Beurteilung muß freilich noch hinzukommen, ob man jeweils meint, daß ein solches Engagement rational begründbar und allgemein akzeptabel ist. Es macht objektiv einen Unterschied, ob jemand seinen Lebenssinn ausschließlich in der Pflege seiner Kakteen findet, in der Verbreitung von Esperanto als allgemeiner Zweitsprache, in der Sammlung von alten Bierseideln oder in der Erhaltung der natürlichen Umwelt für alle Menschen. Wir sprechen im objektiven Sinne dann von einem »sinnvollen« Leben, wenn wir meinen, daß die Ziele und Inhalte, denen sich ein Mensch verschrieben hat, akzeptabel und schätzenswert seien. Dabei werden wir natürlich auch meistens von unseren eigenen subjektiven

Wertsetzungen ausgehen. Ein leidenschaftlicher Briefmarkensammler wird auch das Leben eines anderen leidenschaftlichen Briefmarkensammlers sinnvoll finden. Aber es gibt hier auch rationale Kriterien, mit denen wir über die bloße Subjektivität hinauskommen können.

Ich will hier abbrechen, weil das, was ich ausgeführt habe, für mein Beispiel wohl schon genügt.

Günther Patzig (geb. 1926) ist ein angesehener deutscher Philosoph. Er studierte Philosophie und klassische Philologie und lehrte nach einer Professur für Philosophie an der Universität Hamburg von 1963 bis zu seiner Emeritierung 1991 an der Universität Göttingen. Seine Arbeitsschwerpunkte sind antike Philosophie, Logik und Ethik. Patzig praktiziert ein analytisches, das heißt begrifflich und argumentativ klares Philosophieren. Vor allem durch seine Forschungen zur Logik des Aristoteles, zu Gottlob Frege und zur formalen Logik hat er das Ansehen der analytischen Philosophie in Deutschland wesentlich gefördert.

Der Textauszug stammt aus einem Vortrag über den Sinn des Philosophieunterrichts, den Patzig 1979 vor Schülern der Oberstufe an einem Hamburger Gymnasium gehalten hat. Die Sprache des Textes ist einfach und klar, aber die Gedanken sind anspruchsvoll. Zu Beginn seines Vortrags formuliert er die beiden Hauptziele des Philosophieunterrichts in der gymnasialen Oberstufe, die auch für eine Philosophie für Laien gelten können. Philosophie soll den Anspruch erfüllen, dass sie »an Probleme und Fragestellungen anknüpft, die Ihnen wichtig sind«, und »Fähigkeiten vermittelt, die Sie dann auch außerhalb des Philosophieunterrichts gebrauchen können«. Anders als Pessoa (Text 10) wird der Autor nicht von existenziellen Sinn-Problemen beunruhigt. Vielmehr seziert er wie ein Chirurg begriffliche und argumentative Probleme, die möglicherweise das Handeln verwirren *könnten* und insofern ihrer Möglichkeit nach praxisrelevant sind. Während Pessoa sich nicht ausdrücklich als Philosoph versteht, aber persönlich von Fragen über den Zustand des Lebens bedrängt wird und darüber reflektiert, benutzt Patzig das Handwerkszeug der analytischen Philosophie, um die allgemeine Sinnfrage zu klären und, soweit es geht, zu beantworten.

Zunächst begründet Patzig seine Vorstellung von der Aufgabe der Philosophie jenseits ihrer fachlichen Grenzen. Hierzu stellt er eine Gemeinsamkeit jeder Philosophie heraus. Sie sei »fundamental«, insofern sie über den Bereich der Fachwissenschaften hinausgeht, und könne »in irgendeinem Sinne das Selbstverständnis des Menschen« bei wichtigen Problemen beeinflussen. Als Definition für Philosophie schlägt er vor, sie sei der »Versuch, rational begründete Antworten auf solche tiefliegenden Fragen zu finden«. Anschließend nimmt er eine grundlegende Unterscheidung philosophischer Richtungen vor. Als die beiden gegenwärtig (1979) bedeutendsten Strömungen sieht er »die spekulative und die analytische« Philosophie an, das heißt den Versuch einer »Weltinterpretation« zur Lösung aller Probleme einerseits und »die sorgfältige Untersuchung der einzelnen Probleme« andererseits. Als Karikaturen bezeichnet er die »Begriffsdichtung im Orakelton« und die »pedantische Haarspalterei«.

Patzig selber gehört der analytischen Richtung an, plädiert aber für eine Philosophie, in der sich »die weit ausgreifende Phantasie und der analytische Scharfsinn die Waage halten«. Beides zusammen erweitere den »Erkenntnishorizont« und sorge für die notwendige »Bildschärfe«.

Am Beispiel der Sinnfrage zeigt Patzig in dem Textausschnitt, was eine so verstandene Philosophie leisten könnte. Gleich bei seiner ersten Behauptung wird deutlich, dass bei ihm der Blick auf die lebensweltlichen Phänomene ein wenig zu kurz kommt, der etwa Pessoas Text auszeichnet. Man kann nämlich bezweifeln, dass »niemand, wenn er heranwächst, und auch später im Leben nicht, der Sinnfrage ausweichen« könne. Vor allem aber wird bei Patzig nicht sichtbar, in welcher konkreten Gestalt sich diese Frage für den Einzelnen stellen könnte. Es gibt sicherlich Menschen, und vielleicht sogar viele, die auch ohne sich diese Frage zu stellen glücklich und zufrieden leben und ihre Probleme pragmatisch von Fall zu Fall lösen, etwa im Beruf, der Beziehung oder der Politik. Auch die von dem Psychiater und Philosophen Karl Jaspers (1883–1969) diagnostizierten »Grenzsituationen« des menschlichen Daseins führen nicht immer zum Philosophieren: »ich muß sterben, ich muß leiden, ich muß kämpfen, ich bin dem Zufall unterworfen, ich verstricke mich unausweichlich in Schuld«[80]. Jaspers stellt in Bezug auf diese Grenzsituationen fest: »Im bloßen Dasein weichen wir oft vor ihnen aus, indem wir die Augen schließen, und leben, als ob sie nicht wären. Wir vergessen, daß wir sterben müssen, vergessen unser Schuldigsein und unser Preisgegebensein an den Zufall.« Auch wenn man Jaspers' Antwort auf die Fragen der

Grenzsituationen – das Vertrauen auf »das Umgreifende« – nicht akzeptieren kann, treffen seine Beobachtungen weitgehend zu. Er sieht klarer als der analytische Philosoph Patzig die Grenzen des philosophischen Problembewusstseins.

Selbst im Alter nämlich, so kann man Jaspers zustimmen, ist ein Ausweichen vor den menschlichen Grenzsituationen möglich. Daran hindert die Tatsache wenig, dass die grundsätzlichen Fragen dann näherliegen als in der Jugend, in der man den Blick auf die Zukunft richtet, oder näher als auch im Erwachsenenalter, das vor allem eine pragmatische Lebensbewältigung fordert. Selbst wenn man aber Patzig nicht zustimmen kann, dass »niemand« der Sinnfrage ausweichen könne, kann man sie als ein mögliches Problem untersuchen, das zumindest viele *andere* haben, man aber selber haben *könnte*.

Patzig unterscheidet zwischen Handlungen, die ein Mittel zu einem Zweck sind, und Handlungen, die »den Sinn in sich selbst haben«. Als Beispiele nennt er das Reisen, um ein Ziel zu erreichen, und das Reisen »einfach so«. Das Leben gleicht nach Patzig der zweiten Art von Reisen. Es muss keinen anderen Zweck erfüllen und nichts Bleibendes über sich selbst hinaus hinterlassen, etwa ein »geistiges Erbe« oder, wie man weiter aufzählen könnte, eine Firma, Geld und die bleibende Erinnerung der Kinder und anderer. Selbst wenn einzelne Menschen im Andenken anderer oder durch ihre Leistungen fortleben, ändert dies außerdem nichts daran, dass in einigen Milliarden Jahren alles menschliche Leben verlöscht. Nach den Voraussagen der Astrophysiker tritt dieser Fall ein, weil die Sonne die Erde durch zu starke Annäherung verbrennen wird. Trotz alledem kann ein einzelnes Leben in sich selbst sinnvoll sein. Vermutlich allerdings, so wird man Patzig entgegnen können, wollen viele Menschen sowieso kaum etwas Bleibendes hinterlassen, sondern vor allem ein genussreiches oder erfolgreiches Leben führen. Dies mag sich aber aus der Sicht des Alters anders darstellen, wenn man angesichts seiner eigenen Vergänglichkeit darauf zurückblickt, was bleibt (Text 4).

Man kann Patzig aber zustimmen, dass menschliches Leben in sich sinnvoll sein kann, ohne in einen übergreifenden Zusammenhang einbezogen zu sein, wie in den Heilsplan Gottes oder in einen historischen Kontext, zum Beispiel im Mitwirken an einer Weltrevolution oder in der Arbeit am Fortschritt von Wissenschaft und Technik. Den Sinn in sich selbst nennt Patzig »immanent«, den anderen »transzendent«. Die meisten heutigen Menschen aber, so ist Patzig entgegenzuhalten, suchen nicht nach derartigen übergreifenden Zusammenhängen. Wenn dies doch geschieht, liegt die Gefahr nahe, dass sie sich zu politischen oder ideologischen Zwecken, etwa eines »Heiligen Krieges« oder »des Fortschritts«, instrumentalisieren lassen. Daher wäre vor derartigen Gefahren zu warnen, die mit der Behauptung eines transzendenten Sinns verbunden sein können, statt sie lediglich begrifflich zu analysieren.

Patzig schließt trotz seiner Skepsis gegenüber transzendenten Sinnbezügen jeder Art nicht aus, dass etwa ein religiöser Mensch ein sinnvolles Leben führen kann. Indem Patzig die Sinnfrage auf mögliche religiöse Bezüge hin erweitert, kommt er seiner eigenen Forderung nach, Philosophie müsse nicht nur in ihrer Bildschärfe analytisch genau sein, sondern sich in ihrem Erkenntnisstreben offen halten. Er schließt zwar den religiösen Sinnhorizont nicht aus, plädiert aber für ein immanent sinnvolles Leben, das sich in erster Linie »durch den Reichtum« persönlicher Beziehungen auszeichne. Negativ lasse sich feststellen, dass im Zustand krankhafter Depressionen, in denen einem »alles so sinnlos geworden« ist, emotionale Bindungen nicht mehr erfahren werden können. An dieser Stelle ist die philosophische Analyse auf lebensweltliche Erfahrungen und psychologisches Fachwissen angewiesen. Dass Bindungen für ein sinnvolles Leben unerlässlich sind, kann die Philosophie weder rational begründen noch kann sie derartige Beziehungen ersetzen. Zu einem emotional befriedigenden Trost ist sie daher nicht fähig. Das mindert jedoch nicht ihren Wert als Instrument zur Aufklärung, das von unnötigen oder gefährlichen Blickweisen oder Einstellungen befreien kann.

Drittens unterscheidet Patzig zwischen einem »subjektiven und objektiven« Lebenssinn. Subjektiv ist der Lebenssinn eines Kakteenzüchters, Esperantofans, Bierdeckelsammlers und Naturschützers, so Patzigs Beispiele, in gleicher Weise akzeptabel, weil jeder von ihnen Freude an seiner Tätigkeit hat und sein Leben damit ausfüllt. Ob aber ihr Leben auch objektiv sinnvoll ist, müsse nach »rationalen Kriterien, mit denen wir über die bloße Subjektivität hinauskommen können«, geprüft werden. Leider geht Patzig in seinem Vortrag nicht darauf ein, was objektive Kriterien sind. Er weist aber auf die Schwierigkeit hin, dass jeder aus seiner subjektiven Sicht sein eigenes Leben und das der anderen beurteilt.

Mit der Frage, warum ein Leben nicht nur subjektiv, sondern auch objektiv ein »schätzenswertes« Leben ist, betritt man das Gebiet der Ethik. Warum sollte es nicht reichen, seinen Hobbys nachzugehen und sein Leben zu genießen? Ist es nicht, auf das Alter bezogen, völlig in Ordnung, wenn man nach einem langen Arbeitsleben und der Sorge für die Familie und andere Menschen endlich sein Dasein genießen kann, ohne sich zusätzlich sozialen oder ökologischen Aufgaben verpflichtet zu fühlen?

Patzig selber vertritt eine *Ethik ohne Metaphysik*, wie seine programmatische Aufsatzsammlung von 1971 tituliert ist.[81] Er geht nicht von metaphysischen Voraussetzungen aus, die in einer transzendenten, das heißt »über die Erfahrungswelt hinausreichenden« Vernunft wurzeln und allgemeingültige Rechte und Pflichten der Menschen begründen sollen. Nahe verwandt mit der von Patzig abgelehnten metaphysisch begründeten Ethik ist die theologische Ethik, die ebenfalls von Grundannahmen ausgeht, die nicht aus allgemeinen Erfahrungen stammen. Zu derartigen Annahmen gehört, dass jeder Mensch und die Natur insgesamt als Schöpfung Gottes eine eigene Würde und ein Recht auf Unantastbarkeit hat. Diese Annahmen werden von gläubigen Menschen geteilt, aber nicht von allen anderen. Patzigs Ethik dagegen beruht auf zwei letztlich aus der allgemeinen Erfahrung stammenden Grundannahmen. Zum einen müssen moralische Normen »nach dem Vertrauensprinzip die *Grundlage* für menschliche Zusammenarbeit und harmonisches Zusammenleben schaffen«[82]. Zum anderen sind nur solche moralischen Normen vertrauenswürdig, die für alle und nicht nur für Sondergruppen oder einzelne Privilegierte gelten. Nur wenn wir, jedenfalls im Prinzip, beispielsweise davon ausgehen können, dass sich jeder an die Verkehrsregeln zu halten hat, können wir uns im Verkehr sicher bewegen, etwa bei Grün über eine Kreuzung fahren, weil die anderen bei Rot warten. Dasselbe gilt für moralische Regeln, wie für das Lügen- und Tötungsverbot. Inhaltlich gesehen müssen, folgt man Patzig, alternative Handlungsmöglichkeiten danach beurteilt werden, ob sie »nach Lage der Dinge und bester Einsicht [...] einen günstigeren Zustand für alle Beteiligten herbeizuführen geeignet sind«[83]. So kann man sich fragen, ob dossierte Sozialhilfe für die Schwachen insgesamt besser ist als die strikte Selbstversorgung jedes Einzelnen. In diesem Punkt folgt Patzig utilitaristischen Überlegungen, die eine Handlungsweise nach ihrem Nutzen für eine größtmögliche Zahl beurteilen.

Der Kakteenzüchter und der Bierdeckelsammler schaden mit ihrem Hobby in der Regel niemandem, verletzen auch nicht die Würde anderer und verstoßen nicht gegen das Gebot der Achtung vor dem Leben. Insofern ist ihr Handeln keineswegs unmoralisch, sondern es ist neutral. Der Esperantofan und der Umweltschützer dagegen empfinden ihr Handeln nicht nur subjektiv als sinnvoll und befriedigend, sondern handeln zugleich moralisch. Beide engagieren sich für andere oder die Allgemeinheit. Der eine setzt sich für eine bessere sprachliche Kommunikation der Menschen untereinander ein, der andere für den Schutz der Natur.

Dass derartige Überlegungen und analytische Unterscheidungen allerdings für jemanden, der wie Pessoa oder Soares von einer tiefen Unruhe über das banale, sinnlose Leben getrieben ist, überhaupt hilfreich sein können, lässt sich bezweifeln. Wer erst einmal ins Wasser gefallen ist, braucht unmittelbare Hilfe, etwa einen Schwimmring, nicht aber allgemeine Belehrungen. Schwimmen sollte man aber vorsorglich für den Notfall lernen – abgesehen davon, dass es Spaß macht. Genauso ist ein begrifflich und argumentativ klares Philosophieren im Hinblick auf existenzielle Grenzsituationen oder Sinnfragen nützlich, in die jeder Mensch geraten könnte, vor allem im Alter. Es kann helfen, dass man erst gar nicht in eine ähnliche Lage gerät oder erste Anzeichen, die dazu führen könnten, erkennt und dann entsprechend handelt. Klares Denken allein aber reicht nicht aus. Eine Voraussetzung dafür, dass man Grenzsituationen meistern kann, sind vielmehr die auch von Patzig betonten emotionalen Bindungen.

## 12. Worin nach Epikur ein glückliches Leben besteht

Epikur grüßt den Menoikeus.

Wer jung ist, soll nicht zögern zu philosophieren, und wer schon alt ist, soll nicht müde werden, wenn er philosophiert. Denn für niemanden ist es zu früh oder zu spät, etwas für die Gesundheit der Seele zu tun. Wer aber sagt, es sei noch nicht Zeit zu philosophieren oder die Zeit sei schon vorbei, gleicht einem, der sagt, es sei noch nicht Zeit, um glücklich zu sein, oder die Zeit dafür sei schon vorbei. Deshalb muß sowohl ein junger wie auch ein alter Mensch philosophieren, der eine, damit er, während er alt ist, jung bleibt durch das Gute, was ihm widerfahren ist, der andere, damit er zugleich jung und alt ist in seiner Furchtlosigkeit gegenüber der Zukunft. Man muß sich um alles kümmern, was Glück bringt; wenn es da ist, haben wir alles, wenn es nicht da ist, tun wir alles, um es zu haben.

Aber wozu ich dich ununterbrochen aufgefordert habe, das tue auch und darum kümmere dich, indem du darin die Elemente des vollkommenen Lebens siehst. Zuerst halte die Gottheit für ein glückseliges Lebewesen in Übereinstimmung mit der allgemeinmenschlichen Auffassung von der Gottheit, und hänge ihr nichts an, was nicht zu ihrer Unvergänglichkeit paßt und ihrer Glückseligkeit nicht entspricht. Nimm dagegen alles über sie an, was dazu dient, ihre mit der Unvergänglichkeit verbundene Glückseligkeit zu bewahren. Es gibt nämlich Götter. Ihre Erkenntnis ist unmittelbar einleuchtend. Sie sind jedoch nicht so, wie die Leute glauben; denn sie halten nicht konsequent fest, woran sie glauben. Gottlos aber ist nicht jener, der die Götter der Leute verwirft, sondern der den Göttern den Glauben der Leute anhängt.

Denn die Meinungen der Leute über die Götter sind keine begründeten Vorbegriffe, sondern falsche Annahmen. Daher kommen von den Göttern die größten Nachteile und die größten Vorteile. Denn weil den Göttern ihre eigenen Tugenden uneingeschränkt gefallen, haben sie nur Freude an solchen Menschen, die ihnen ähnlich sind, während sie alles, was nicht so ist wie sie, für fremd halten und ablehnen.

Gewöhne dich daran zu glauben, daß der Tod keine Bedeutung für uns hat. Denn alles, was gut, und alles, was schlecht ist, ist Sache der Wahrnehmung. Der Verlust der Wahrnehmung aber ist der Tod. Daher macht die richtige Erkenntnis, daß der Tod keine Bedeutung für uns hat, die Vergänglichkeit des Lebens zu einer Quelle der Lust, indem sie uns keine unbegrenzte Zeit in Aussicht stellt, sondern das Verlangen nach Unsterblichkeit aufhebt.

Denn nichts ist im Leben schrecklich für denjenigen, der wirklich begriffen hat, daß nichts Schreckliches darin liegt, nicht zu leben. Daher ist derjenige ein Tor, der sagt, er fürchte den Tod nicht, weil er ihm Schmerzen bereiten werde, wenn er da sei, sondern weil er Schmerzen bereite, wenn er noch zu erwarten sei. Denn was uns nicht bedrückt, wenn es da ist, schmerzt uns ohne Grund, wenn es erwartet wird. Das schauerlichste aller Übel, der Tod, hat also keine Bedeutung für uns; denn solange wir da sind, ist der Tod nicht da, wenn aber der Tod da ist, dann sind wir nicht da. Er hat also weder für die Lebenden noch für die Toten eine Bedeutung; denn für die einen ist er nicht da, die anderen sind für ihn nicht mehr da. Aber die Leute fliehen manchmal vor dem Tod, weil sie ihn für das größte Übel halten; manchmal verlangen sie auch nach ihm, weil er alle Übel des Lebens beendet. Der Weise aber weist weder das Leben zurück noch fürchtet er sich davor, nicht zu leben. Denn ihm ist weder das Leben eine Last noch glaubt er, es sei ein Übel, nicht zu leben. Wie er auch beim Essen nicht die größte, sondern die am besten schmeckende Portion wählt, so will er auch nicht die längste, sondern die angenehmste Lebenszeit genießen. Wer aber dazu auffordert, daß der junge Mensch anständig leben, der alte Mensch anständig sterben solle, ist einfältig, nicht nur weil das Leben als solches liebenswert ist, sondern auch weil man ebenso für das anständige Leben wie für das anständige Sterben sorgen muß. Viel schlechter aber geht es jenem, der sagt:

Schön sei es nicht, geboren zu werden, wenn man aber geboren sei, dann möglichst schnell die Tore des Hades zu durchschreiten (Theognis, Vers 425/427).

Wenn er davon überzeugt ist und es auch sagt, warum

geht er dann nicht aus dem Leben? Denn das ist ihm doch möglich, wenn er es wirklich vorhat. Wenn er aber nur spottet, dann redet er leichtfertig daher, und zwar in einem Zusammenhang, der dies nicht erlaubt.

Wir sollten auch daran denken, daß wir die Zukunft weder ganz noch teilweise in unserer Gewalt haben, damit wir weder damit rechnen, daß das Erwartete ganz eintreten wird, noch daran zweifeln, daß es nicht ganz eintreten wird.

Weiterhin müssen wir beachten, dass die Begierden teils natürlich, teils sinnlos sind, und die natürlichen Begierden teils notwendig, teils nur natürlich; die notwendigen sind teils für das Glück, teils für die Ungestörtheit des Körpers notwendig, teils für das Leben an sich. Denn eine gezielte Beobachtung dieser Tatsachen geht davon aus, daß jedes Wählen und Ablehnen auf die Gesundheit des Körpers und die Ungestörtheit der Seele gerichtet ist; denn dies ist das Ziel des glücklichen Lebens. Deswegen tun wir nämlich alles, damit wir weder Schmerzen noch Angst haben. Aber wenn einem dies einmal zuteil wird, dann legt sich der ganze Sturm der Seele, weil sich das Lebewesen nicht auf die Suche nach etwas, was ihm noch fehlt, zu begeben und sich um etwas anderes zu bemühen braucht, mit dem erfüllt wird, was für die Seele und für den Körper gut ist. Denn nur dann haben wir ein Bedürfnis nach Lust, wenn wir durch die Abwesenheit von Lust Schmerz empfinden. Wenn wir aber keinen Schmerz empfinden, brauchen wir die Lust nicht mehr.

Darum sagen wir auch, daß die Lust Anfang und Ende

des glücklichen Lebens ist. Wir haben sie nämlich als das erste und das angeborene Gut erkannt, und von ihm gehen wir bei jedem Wählen und Ablehnen aus, und auf dieses gehen wir zurück, wenn wir jedes Gut beurteilen, indem wir unser Gefühl als Maßstab verwenden. Und weil sie das erste und angeborene Gut ist, wählen wir nicht jede Lust, sondern gehen manchmal über viele andere Lustempfindungen hinweg, wenn sie für uns größere Unannehmlichkeiten zur Folge haben; wir geben auch vielen Schmerzen den Vorzug vor Lustempfindungen, sobald wir nach langem Aushalten von Schmerzen mit einer größeren Lust rechnen können. Jede Lust ist also ein Gut, weil sie eine uns verwandte Natur hat, aber nicht jede darf man in Anspruch nehmen, wie auch jeder Schmerz ein Übel ist, aber nicht jeden darf man stets vermeiden. Doch durch Berechnen und Abwägen des Nützlichen und des Schädlichen kann man all dies richtig beurteilen. Denn in bestimmten Situationen gehen wir mit dem Guten wie mit einem Übel, mit dem Übel wiederum wie mit einem Guten um.

Auch die Unabhängigkeit von äußeren Dingen halten wir für ein großes Gut, nicht um uns in jeder Lage mit wenigem zufriedenzugeben, sondern um, wenn wir das meiste nicht haben, mit dem wenigen auszukommen, weil wir voll davon überzeugt sind, daß jene, die den Überfluß am meisten genießen, ihn am wenigsten brauchen, und daß alles Natürliche leicht, das Sinnlose aber schwer zu beschaffen ist und daß eine einfache Brühe die gleiche Lust bereitet wie ein üppiges Mahl, wenn jede Schmerzempfindung, die durch Mangel hervorgerufen wird, beseitigt ist, und daß Wasser und Brot die höchste Lust bereiten, wenn man sie zu sich nimmt, weil man Hunger hat. Die Gewöhnung an einfache und nicht üppige Nahrung dient also einerseits in jeder Hinsicht der Gesundheit und nimmt andererseits auch dem Menschen die Sorgen angesichts der Grundbedürfnisse des Lebens, stärkt uns, wenn wir uns in Abständen an üppige Tafeln begeben, und macht uns furchtlos gegenüber dem Schicksal.

Wenn wir also sagen, daß die Lust das Ziel sei, meinen wir nicht die Wollust der Unersättlichen und die Lüste, die sich auf oberflächlichen Genuß beschränken, wie einige aufgrund von Unkenntnis und Ablehnung oder aus Mißverständnis meinen, sondern die Freiheit von körperlichem Schmerz und von seelischer Unruhe. Denn nicht Trinkgelage und endlose Feste, nicht der Genuß von Knaben und Frauen und auch nicht von Fischen und allem anderen, was eine üppige Tafel bietet, erzeugen das lustvolle Leben, sondern ein nüchterner Verstand, der die Gründe für alles Wählen und Ablehnen herausfindet und die Vorurteile vertreibt, aus denen die größte Verwirrung der Seelen erwächst.

Der Ursprung all dieser Überlegungen und das höchste Gut ist die Vernunft. Deshalb ist die Vernunft auch wertvoller als die Philosophie. Aus ihr stammen alle übrigen Tugenden. Sie lehrt uns, daß man nicht lustvoll leben kann, ohne vernünftig, anständig und gerecht zu leben, und daß man auch nicht vernünftig, anständig und gerecht leben kann, ohne lustvoll zu leben. Denn die Tugenden sind von Natur aus mit dem lustvollen Leben verbunden, und das lustvolle Leben ist von den Tugenden nicht zu trennen.

Denn wer ist deiner Meinung nach stärker als jener, der fromme Gedanken über die Götter hat und gegenüber dem Tod völlig frei von Angst ist und das Ziel der Natur verstanden hat und begreift, daß das höchste Gut leicht zu verwirklichen und leicht zu beschaffen ist, daß aber das größte Übel entweder nur kurze Zeit andauert oder nur kurze Zeit als Leid empfunden wird? Wer ist schließlich stärker als jener, der die von einigen als mächtige Herrin über alle Welt empfundene Schicksalsfügung auslacht und statt dessen erklärt, daß manches mit Notwendigkeit, manches durch Zufall, manches durch unser eigenes Zutun geschieht? Denn er sieht, daß wir für das Notwendige nicht verantwortlich sind, der Zufall unberechenbar ist und das, was unserem Einfluß unterliegt, nicht fremdbestimmt ist und deshalb natürlich auch getadelt und gelobt wird. Denn es wäre besser, dem Mythos über die Götter zu folgen, als sich der Schicksalsfügung der Naturphilosophen zu unterwerfen. Denn der Mythos nährt die Hoffnung auf eine Beeinflussung der Götter durch entsprechende Verehrung, die Schicksalsfügung dagegen bedeutet die unausweichliche Notwendigkeit. Den Zufall aber hält der Weise weder für eine Gottheit, für die ihn die Leute halten – denn von einem Gott wird nichts ohne eine feste Ordnung getan –, noch für eine unsichere Ursache; er glaubt nämlich nicht, daß den Menschen durch Zufall etwas Gutes oder Böses gegeben wird, was für das glückliche Leben von Belang ist, sondern daß vom Zufall nur die Voraussetzungen für große Güter oder Übel geschaffen werden. Er glaubt, es sei besser, beim Handeln trotz überlegter Planung keinen Erfolg zu haben, als trotz unüberlegter Planung mit Hilfe des Zufalls Erfolg zu haben. Denn es sei schöner, daß, wenn man etwas tut, die richtige Entscheidung nicht zum Erfolg führt, als daß die falsche Entscheidung durch den Zufall zum Erfolg führt.

Darum und um alles andere, was dazugehört, kümmere dich Tag und Nacht, und zwar für dich selbst allein und für den, der dir ähnlich ist, und dann wirst du niemals, weder wenn du wach bist noch wenn du schläfst, in Unruhe geraten, sondern leben wie ein Gott unter Menschen. Denn in nichts mehr gleicht einem vergänglichen Wesen ein Mensch, der umgeben ist von unvergänglichen Gütern.

Epikur wurde 341 v.Chr. auf der Insel Samos vor der kleinasiatischen Küste, der heutigen Türkei, als athenischer Bürger geboren. Sein Vater hatte sich dort zehn Jahre zuvor mit anderen Kolonisten aus Athen angesiedelt. Die Philosophie Athens war dem Vater vertraut und so schickte er seinen etwa 14-jährigen Sohn in die Schule des Nausiphanes, einem Anhänger Demokrits (460–371 v.Chr.). Angeblich war Epikur mit der mythologischen Welterklärung des Dichters Hesiod nicht einverstanden, wie der von Sextus Empiricus überlieferte Schüler-Lehrer-Dialog berichtet: »Epikur fragte den Lehrer: ›Woraus entstand das Chaos, wenn es zuerst entstand?‹ Darauf antwortete jener, es sei nicht seine Sache, sondern die der Philosophen, solches darzulegen, worauf Epikur erklärte: ›Also muß ich zu den Philosophen gehen, wenn sie denn die Wahrheit wissen.‹«[84] Offensichtlich war Epikur von der Wahrheit der Philosophie Demokrits vom Atomwirbel als Weltprinzip mehr überzeugt als von Hesiods Göttererzählungen. Während seines Miltärdienstes in Athen lernte er auch die Lehre Aristipps (435–360 v. Chr.) von der Lust als höchstem Lebensziel kennen. Zusammen mit Demokrits Atomlehre bildet sie die Grundlage von Epikurs Philosophie. Epikur vertrat einen Hedonismus als Lehre von der Lust (*hedone*) als höchstem Lebensziel und einen Atomismus als Erklärung des Weltganzen. In einer solchen Philosophie hatten die Götter keinen Platz. Nachdem sein Vater mit den anderen athenischen Siedlern aus Samos vertrieben worden war, zog Epikur unter schwierigen materiellen Bedingungen von einem Ort zum anderen. Dabei scharte er einen großen Freundeskreis um sich. Mit knapp 30 Jahren begann er in Mykene und Lampsakos eine Lehrtätigkeit.

306 v. Chr. kaufte Epikur in Athen einen Garten, der als »Garten Epikurs« seiner Schule ihren Namen gab. Ähnlich wurde Platons »Akademie« nach dem Ort des Lokalgottes Akademos benannt, die »peripatetische« Schule des Aristoteles nach dem »Umhergehen« der Schüler und die »stoische« Schule Zenons nach ihrer »bunten Säulenhalle« (*stoa*). Der »Garten Epikurs« steht neben dem Ort zugleich für eine bestimmte Grundhaltung: Hier lebten und philosophierten Freunde gemeinsam, möglichst natürlich und »im Verborgenen«. Die Epikureer blieben zurückgezogen vom öffentlichen Leben der Politik und kümmerten sich lediglich um sich selbst und ihren Kreis. Dennoch hatte die epikureische Schule einen sozialen Bezug. Im Unterschied zu den anderen atheni-

schen Schulen stand sie für alle offen, auch für Frauen und sogar für Sklaven. Epikur starb nach einer langen Lehrtätigkeit 70-jährig durch Freitod nach einem schweren Leiden. Er behielt bis zuletzt seine innere Fassung bei. So schrieb er am Tag seines Freitodes an seinen alten Freund Idomeneus: »An diesem glücklichen und zugleich letzten Tag meines Lebens konnte ich Euch nur noch folgendes mitteilen: Meine Harnbeschwerden und mein Ruhrleiden haben ihren Höhepunkt erreicht.« (*Fragmente*, 4) Von seinen mehr als 300 Schriften sind lediglich einige Briefe, Fragmente und Spruchsammlungen erhalten. Am berühmtesten davon ist der hier vollständig abgedruckte Brief an seinen sonst unbekannten Schüler Menoikeus. Der Brief zeigt Epikurs Auffassung vom Philosophieren als Tätigkeit einer Lebenskunst, zu der er seinen Schüler ermahnt. Das praktische Philosophieren baut auf einer theoretischen Philosophie als Lehre auf. Da der Brief in einem knappen Stil geschrieben ist und den theoretischen Hintergrund nur andeutet, benötigt er einige Erläuterungen, von welchen Voraussetzungen die einzelnen Ratschläge und Vorschriften ausgehen. Gleich in den ersten Sätzen drückt Epikur seine Mahnung zum lebenslangen Philosophieren aus: »Wer jung ist, soll nicht zögern zu philosophieren, und wer schon alt ist, soll nicht müde werden, wenn er philosophiert. Denn für niemanden ist es zu früh oder zu spät, etwas für die Gesundheit der Seele zu tun.« In der Sprache der antiken Medizin bezeichnet Epikur das Philosophieren als »Gesundheit der Seele«, die im Folgenden auch die Gesundheit des Körpers einbezieht, seine Philosophie ist psychosomatisch. Die »Gesundheit der Seele« bezeichnet Epikur weiterhin auch als

»Glück«. Das Glück bestehe für den alten Menschen darin, dass er jung bleibt, für den jungen Menschen darin, dass er furchtlos vor dem Tod lebt. In diesem Sinne hat auch Epikur selber sein Leben lang philosophiert, bereits, wie die Anekdote berichtet, als 14-Jähriger und bis ins Alter hinein.

Furchtlosigkeit gehört für Epikur wesentlich zu einem glücklichen Leben, egal ob man als junger Mensch sein Leben noch vor sich oder als alter Mensch den Tod bereits vor Augen hat. Außer auf die Erfahrungen der antiken psychosomatischen Medizin eines Hippokrates (um 460 bis 377 v.Chr.) bezieht sich Epikur auf allgemeine menschliche Beobachtungen von Gesundheit oder Wohlbefinden. Danach geht es einem Menschen einfach nicht gut, wenn er übergroße Furcht oder Schmerzen erleidet. Von beidem kann man sich durch das Philosophieren befreien. In seinem Brief an Menoikeus fordert Epikur daher seinen Schüler auf, das zu tun, wozu er ihn vorher schon »ununterbrochen aufgefordert« hat, nämlich »die Elemente des vollkommenen Lebens« zu beachten. Hierzu gehört zunächst die Furchtlosigkeit vor den Göttern. Die Angst vor den Göttern war offensichtlich zu Epikurs Zeit noch ein belastendes Erbe Homers und Hesiods. Ständig und unerwartet griffen die Götter in das Leben der Menschen ein, ob zum Guten oder zum Bösen. Die Götter führten die Lanze der Helden gegen die Feinde, befreiten Odysseus aus der verführerischen Macht der Nymphe Kalypso und bestraften Sisyphos, der sich gegen sie aufgelehnt hatte. Angst vor übermächtiger Strafe und Hoffnung auf Hilfe bedeuten Abhängigkeit, und diese führt zu einer ständigen Furcht im Diesseits.

Selbst wenn die Wirkung der alten Dichter zu Epikurs Zeit stark abgeschwächt war, blieb doch die Furcht vor den Göttern erhalten. Auch verwandelte sie sich von einer Diesseits- zu einer Jenseits-Furcht, beginnend mit orphisch-pythagoreischen und platonischen Mythen von einem Jenseitsgericht bis hin zu den Jenseitsvorstellungen der Stoa. Die Furcht vor einer göttlichen Allmacht ist heute noch in vielen Religionen präsent. Eine derartige Furcht versucht Epikur durch ein theoretisches Argument zu entkräften. Es gibt zwar nach allgemeiner Auffassung tatsächlich Götter, aber sie sind anders beschaffen, als es sich die Menge vorstellt. Sie leben ein unvergängliches, glückliches Leben in den »Zwischenwelten« des Atomwirbels, wie es in seinen Fragmenten heißt, und lassen sich in ihrer Ruhe und Sorglosigkeit weder durch das Glück noch das Unglück der Menschen stören. Ähnlich beängstigend, doch ebenso grundlos ist nach Epikur, wie er später ausführt, die Vorstellung einer »Schicksalsfügung« oder des »Zufalls«. Er empfiehlt stattdessen, den Spielraum des eigenen Handelns auszunutzen und sich nicht mit dem abzumühen, was wir sowieso nicht ändern können.

Genauso ist die Todesfurcht nach Epikur grundlos, und diese Erkenntnis ist ein weiteres Element des vollkommenen Lebens. Tod heißt »nicht zu leben« und kann deshalb nach Epikur gar nicht gefürchtet werden, weil es angenehme oder unangenehme Wahrnehmungen nur im Leben gibt. Diese aber beruhen, wie Epikur als Erkenntnistheorie voraussetzt, auf den Reizen der Atome, die auf den Körper aufprallen und sinnliche Wahrnehmungen erzeugen. Nach dem Tod aber gibt es für den Menschen keine Form von angenehmen oder unangenehmen Wahrnehmungen mehr, da er keine Sinneswahrnehmungen mehr haben kann. Daher kann der Tod keinerlei Bedeutung für uns haben: »Solange wir da sind, ist der Tod nicht da, wenn aber der Tod da ist, dann sind wir nicht da.« Und auch die Furcht vor einem göttlichen Strafgericht ist für Epikur grundlos. Ebenso versucht Epikur die Furcht vor einem kurzen Leben zu widerlegen. Wie man beim Essen nicht das größte, sondern das am besten schmeckende Gericht wähle, wolle man nicht die längste, sondern die angenehmste Lebenszeit genießen.

Beide Widerlegungen sind jedoch nur eingeschränkt überzeugend. Epikur widerlegt lediglich die Furcht vor dem Tod, nicht aber vor dem Sterben, das durchaus mit schmerzlichen Wahrnehmungen verbunden sein kann. Allerdings hat Epikur sein eigenes recht qualvolles Sterben durch Erinnerung an die erfahrene Lust in seinem Leben weitgehend ausgeglichen. Aber auch seine Höherbewertung der Qualität vor der Quantität überzeugt nicht völlig. Man könnte ja beides wollen, ein möglichst angenehmes Leben, und dies in einer langen Lebenszeit. Gutes Essen, Liebe oder der Genuss der Natur sind schließlich immer wieder schön, nicht nur als kurze Episoden. Aber auch hier geht es um ein »Abwägen«, was an Lust oder Übel überwiegt.

Die menschlichen Begierden sind ein weiterer Bereich, den Epikur untersucht, um die Elemente eines vollkommenen Lebens zu bestimmen. Für seine Einteilung der teils natürlichen, teils sinnlosen Begierden gibt er allerdings nur wenig konkrete Beispiele. Generell wird man ihm aber zustimmen können, dass natürliche Bedürfnisse, wie Nahrung,

Bekleidung und Wohnung, überlebensnotwendig sind und »die Gesundheit des Körpers und die Ungestörtheit der Seele« betreffen. Wenn der Körper und die Seele gesund sind, werden bestimmte Begierden überflüssig. Deshalb strebt Epikur vor allem die »Ungestörtheit der Seele« (*ataraxia*) an, die durch die Lust erreicht werden kann. Da nach Epikur die Lust (*hedone*) vor allem Abwesenheit von Schmerz bedeutet, wird seine Lehre recht missverständlich »Hedonismus« genannt. Und schlimmer noch, der Hedonismus wird zu seinen Lebzeiten als hemmungsloses Ausleben aller Begierden diffamiert. Das menschliche Glück der *ataraxia* dagegen als »Freiheit von körperlichem Schmerz und von seelischer Unruhe« ist zugleich »vernünftig, anständig und gerecht«. Damit gleicht es, wie Epikur seinen Brief schließt, der Seligkeit der Götter, die weder Lust noch Schmerz empfinden.

Als wichtiges Glückselement hebt Epikur den »nüchternen Verstand« hervor, »der die Gründe für alles Abwählen und Ablehnen herausfindet«. Dabei geht es ihm darum, die langfristigen und kurzfristigen Schmerz-Leid-Erwartungen einzuschätzen, und zu entscheiden, welchen Schmerz wir in Kauf nehmen oder auf welche Lust wir verzichten sollten. Bei der Lust gilt es, die richtige Mitte zwischen einer »Wollust der Unersättlichkeit« und des »oberflächlichen Genusses« einerseits und einer Orientierung an vernünftigen, moralischen Zielen andererseits zu treffen. Epikur ist weder ein zügelloser Hedonist noch ein lebensfeindlicher Asket. Vielmehr lehrt er uns die »Einsicht« – man könnte auch vom gesunden Menschenverstand reden –, »daß man nicht lustvoll leben kann, ohne vernünftig, anständig und gerecht zu leben, und daß man auch nicht vernünftig, anständig und gerecht leben kann, ohne lustvoll zu leben«. Die ausgewogene, gesunde Mitte in seinem Leben zu finden, ist nach Epikur Aufgabe eines lebenslangen Philosophierens (*philosophein*). Diese praktische Tätigkeit ist wertvoller als die Lehre der theoretischen Philosophie (*philosophia*), die allerdings als Basis der richtigen Einsicht notwendig ist.

Seinen Brief an Menoikeus schließt Epikur mit der eindringlichen Mahnung: »Darum und um alles andere, was dazugehört, kümmere dich Tag und Nacht, und zwar für dich selbst allein und für den, der dir ähnlich ist.« Diese Mahnung klingt für sich genommen belehrend und wenig konkret. In seinem Brief fasst Epikur aber einige wichtige Ratschläge aus anderen Schriften zusammen, die im täglichen Zusammenleben seiner Schule auswendig gelernt und auf das eigene Leben angewendet wurden. Es sind keine reinen Überlegungen, sondern Übungen des Philosophierens als Lebenskunst. Der französische Philosoph und Religionswissenschaftler Pierre Hadot, der die antike Lebenskunst in jüngster Zeit wiederentdeckt hat, zählt nach einer überlieferten Liste Tätigkeiten auf wie anhören, erinnern, wachsam sein, gründlich prüfen, sich selbst beherrschen, Pflichten ausüben und Gleichgültigkeit gegenüber unwichtigen Dingen bewahren.[85] Hadot vergleicht das praktische Philosophieren als Lebenskunst in den antiken Philosophenschulen, nicht nur in Epikurs Garten, mit der Lebensgemeinschaft und Meditation der späteren Mönchsorden. Diese haben, so Hadot, mit dem Aufkommen des Christentums deren Funktion übernommen und als Philosophie nur die theoretische Lehre übrig gelassen, und dies entweder als »Magd der Theologie« oder, wie in der Neuzeit, vor allem als Erkenntnis- oder Moraltheorie. Philosophieren als Lebenskunst aber erfährt gegenwärtig zunehmend Verbreitung.[86]

# Was zu tun ist

## 13. Wie der Einzelne nach Epiktet freier leben kann

### WAS IN UNSERER MACHT STEHT UND WAS NICHT (1)

Das eine steht in unserer Macht, das andere nicht. In unserer Macht stehen: Annehmen und Auffassen, Handeln, Wollen, Begehren und Ablehnen – alles, was wir selbst in Gang setzen und zu verantworten haben. Nicht in unserer Macht stehen: unser Körper, unser Besitz, unser gesellschaftliches Ansehen, unsere Stellung – kurz: alles, was wir selbst nicht in Gang setzen und zu verantworten haben.

Was sich in unserer Macht befindet, ist von Natur aus frei und läßt sich von einem Außenstehenden nicht behindern oder stören; was sich aber nicht in unserer Macht befindet, ist ohne Kraft, unfrei, läßt sich von außen behindern und ist fremdem Einfluß ausgesetzt. Denk daran: Wenn du das von Natur aus Unfreie für frei und das Fremde für dein Eigentum hältst, dann wirst du dir selbst im Wege stehen, Grund zum Klagen haben, dich aufregen und aller Welt Vorwürfe machen; hältst du aber nur das für dein Eigentum, was wirklich dir gehört, das Fremde aber für fremd, dann wird niemand jemals Zwang auf dich ausüben, niemand wird dich behindern, du brauchst niemandem Vorwürfe zu machen oder die Schuld an etwas zu geben, wirst nichts gegen deinen Willen tun, keine Feinde haben, und niemand kann dir schaden; denn es gibt nichts, was dir Schaden zufügen könnte.

Wenn du nach einem so hohen Ziel strebst, dann sei dir bewußt, daß dies mit erheblicher Anstrengung verbunden ist: Du mußt auf manches ganz verzichten und manches zeitweilig aufgeben.

Wenn du aber nicht nur dieses willst, sondern auch noch der Macht und dem Reichtum nachjagst, dann wirst du wahrscheinlich nicht einmal hierin Erfolg haben, weil du zugleich das andere haben willst. Auf keinen Fall aber wirst du das bekommen, wodurch allein Freiheit und Glück möglich sind. Bemühe dich daher, jedem unangenehmen Eindruck sofort mit den Worten zu begegnen: »Du bist nur ein Eindruck, und ganz und gar nicht das, was du zu sein scheinst.« Dann prüfe und beurteile den Eindruck nach den Regeln, die du beherrschst, vor allem nach der ersten Regel, ob sich der Eindruck auf die Dinge bezieht, die in unserer Macht stehen oder nicht; und wenn er sich auf etwas bezieht, was nicht in unserer Macht steht, dann sag dir sofort: »Es geht mich nichts an.«

## WAS MAN BEGEHREN UND WAS MAN ABLEHNEN SOLL (2)

Merke dir: Begehren zielt darauf, daß man das, was man begehrt, auch bekommt; Ablehnung zielt darauf, daß einem das, was man ablehnt, nicht zuteil wird, und wer sein Begehren nicht befriedigen kann, ist unglücklich; unglücklich ist aber auch, wem das zuteil wird, was er vermeiden möchte. Wenn du also nur von den Dingen, die in deiner Macht stehen, das ablehnst, was gegen die Natur ist, dann wird dir auch nichts von dem zustoßen, was du ablehnst. Wenn du aber Krankheit, Tod oder Armut zu entgehen suchst, dann wirst du unglücklich sein. Hüte dich also vor Abneigung gegenüber allen Dingen, die nicht in unserer Macht stehen, und gib ihr nur nach gegenüber den Dingen, die in unserer Macht stehen, aber gegen die Natur sind. Das Begehren aber laß für den Augenblick ganz sein. Denn wenn du etwas begehrst, was nicht in unserer Macht steht, dann wirst du zwangsläufig unglücklich, und von den Dingen, die in unserer Macht stehen und die du gern begehren könntest, weißt du noch nichts. Beschränke dich auf den Willen zum Handeln und auf den Willen, nicht zu handeln, doch nicht verkrampft, sondern mit Zurückhaltung und Gelassenheit.

### SEI DIR ÜBER DAS WESEN DER DINGE IM KLAREN (3)

Bei allem, was dir Freude macht, was dir nützlich ist oder was du gern hast, denke daran, dir immer wieder zu sagen, was es eigentlich ist. Fang bei den unbedeutendsten Dingen an. Wenn du zum Beispiel an einem Topf hängst, dann sage dir: »Es ist ein einfacher Topf, an dem ich hänge.« Dann wirst du dich nämlich nicht aufregen, wenn er zerbricht. Wenn du dein Kind oder deine Frau küßt, dann sage dir: »Es ist ein Mensch, den du küßt.« Dann wirst du deine Fassung nicht verlieren, wenn er stirbt.

## HALTUNG BEWAHREN (4)

Wenn du irgend etwas vorhast, dann mach dir klar, was du eigentlich vorhast. Wenn du zum Beispiel zum Baden gehst, dann stell dir vor, wie es in einem öffentlichen Bad zugeht, wie sie dich naßspritzen, hin und her stoßen, beschimpfen und bestehlen. Du wirst daher mit größerer Ruhe und Sicherheit hingehen, wenn du dir von vornherein sagst: »Ich will baden und meiner sittlichen Entscheidung treu bleiben, durch die ich mich in Übereinstimmung mit der menschlichen Vernunftnatur befinde.« Das gilt auch für alles andere. Denn wenn dich wirklich etwas beim Baden stört, wirst du dir sagen können: »Ich wollte ja nicht nur baden, sondern auch meiner sittlichen Entscheidung treu bleiben, durch die ich mich in Übereinstimmung mit der menschlichen Vernunftnatur befinde. Das tue ich aber nicht, wenn ich mich über derartige Vorgänge ärgere.«

## NICHT DIE DINGE SELBST MIT DEN URTEILEN ÜBER SIE VERWECHSELN (5)

Nicht die Dinge selbst beunruhigen die Menschen, sondern ihre Urteile und Meinungen über sie. So ist zum Beispiel der Tod nichts Furchtbares – sonst hätte er auch Sokrates furchtbar erscheinen müssen –, sondern nur die Meinung, er sei furchtbar, ist das Furchtbare. Wenn wir also in Schwierigkeiten geraten, beunruhigt oder betrübt werden, wollen wir die Schuld niemals einem anderen, sondern nur uns selbst geben, das heißt unseren Meinungen und Urteilen.

Ein Ungebildeter pflegt seinen Mitmenschen vorzuwerfen, daß es ihm schlechtgeht. Ein Anfänger in der philosophischen Bildung macht sich selbst Vorwürfe. Der wirklich Gebildete schiebt die Schuld weder auf einen anderen noch auf sich selbst.

### WORAUF MAN STOLZ SEIN DARF (6)

Sei nicht stolz auf einen Vorzug, der nicht dein eigener ist. Wenn ein Pferd in seinem Stolz sagen würde: »Ich bin schön«, so wäre das noch erträglich. Aber wenn du mit Stolz behaupten würdest: »Ich habe ein schönes Pferd«, dann mußt du bedenken, daß du nur auf die Schönheit deines Pferdes stolz bist. Was gehört also dir? Der Gebrauch deiner Eindrücke. Wenn du dich aber beim Gebrauch deiner Eindrücke im Einklang mit der menschlichen Vernunftnatur befindest, dann kannst du mit Recht stolz sein. Dann nämlich wirst du auf einen Vorzug stolz sein, der wirklich dir gehört.

### WENN DER STEUERMANN RUFT (7)

Wenn das Schiff auf einer Seereise vor Anker geht und du aussteigst, um frisches Wasser zu holen, dann kannst du unterwegs eine Muschel oder einen kleinen Tintenfisch auflesen, aber deine Aufmerksamkeit muß auf das Schiff gerichtet bleiben, und du mußt es ständig im Auge behalten, der Steuermann könnte ja rufen, und wenn er ruft, dann mußt du alles liegen lassen, damit du nicht gefesselt wie die Schafe auf das Schiff geworfen wirst. So ist es auch im Leben: Wenn dir statt einer Muschel oder eines Tintenfisches eine Frau und ein Kind gegeben sind, so wird dies kein Hindernis sein. Wenn der Steuermann ruft, lauf zum Schiff, laß alles liegen und dreh dich nicht um. Wenn du aber alt geworden bist, dann entferne dich nur nicht zu weit vom Schiff, damit du nicht zurückbleibst, falls du gerufen wirst

Der ehemalige Sklave Epiktet (ca. 50–138 n.Chr.) gehört zu den wichtigsten stoischen Philosophen Roms, ebenso wie der kurz vor ihm lebende hohe Politiker Seneca (Text 3) und der »Philosoph auf dem Kaiserthron« Marc Aurel (121 bis 180 n.Chr.). Im Vergleich zu den beiden anderen verkörpert Epiktet am ehesten das Ideal des heute noch sprichwörtlichen innerlich freien »stoischen Weisen«, das er trotz widriger Lebensumstände verwirklichte. Nach einer Anekdote, die für seine gesamte Lebensweise typisch ist, soll ihn sein Herr einmal gefoltert haben, indem er ihm ein Bein in einen Schraubstock einspannen ließ. Epiktet habe nicht etwa vor Schmerzen geschrien, sondern lediglich bemerkt: »Du wirst mir das Bein brechen.« Als dies tatsächlich geschah, habe er ebenfalls in aller Ruhe ausgerufen: »Habe ich dir's nicht gesagt?« Epiktet kam als Sklave aus Phrygien, das zur römischen Provinz Asia gehörte, nach Rom. Dort durfte er philosophische Vorlesungen hören, vor allem bei dem Stoiker Musonius, der ähnlich wie Epikur (Text 12) alltagspraktische Regeln für eine gelassene Lebenspraxis lehrte und einübte. Nach seiner Freilassung unterrichtete Epiktet einen Kreis von Schülern, musste aber 89 n.Chr., wie alle anderen Philosophen, auf Befehl des Kaisers Domitian Rom verlassen. Er lehrte und praktizierte daraufhin in Nikopolis im Südwesten der Balkanhalbinsel bis zu seinem Lebensende Philosophie. Seinem Vorbild Sokrates folgend, hat er selber nichts geschrieben, durch einen Schüler sind jedoch Nachschriften seiner Lehrtätigkeit erhalten. Von den *Diatriben*, den *Unterredungen*, ist etwa die Hälfte verloren gegangen. Das *Encheiridion* aber, wörtlich das (griechisch geschriebene) »Handbüchlein«, ist vollständig erhalten. Aus ihm ist der Textauszug mit Epiktets sieben Hauptregeln entnommen.

Mit seinen Regeln, wie man am besten Gelassenheit erreichen könne, richtet sich Epiktet an jüngere und an ältere Schüler in gleicher Weise. Für jedes Lebensalter gilt es nach Epiktet, innerlich frei zu leben und schließlich zu sterben. Alle Regeln Epikurs kreisen um diesen Grundgedanken. Darin drückt sich die Erfahrung des ehemaligen Sklaven aus, der auch unter ungünstigen äußeren Umständen ein gleichmütiges Leben zu führen versuchte. Das Wort Freiheit oder dessen Varianten kommen in den erhaltenen Schriften Epiktets etwa 130-mal vor, beim Kaiser Marc Aurel dagegen nur zweimal. Bei diesem steht dafür, gemäß seiner Stellung, der Gedanke der Pflichterfüllung gegenüber seinen Untergebenen und gegenüber dem römischen Staat im Vordergrund.

Als erste Hauptregel, was wir tun müssen, um das Ziel der inneren Freiheit zu erreichen, erinnert Epiktet seinen Schüler daran (»denk daran«), dass man unterscheiden muss, was in unserer Macht steht und was nicht. Was in unserer Macht steht, ist dasjenige, »was wir selbst in Gang setzen und zu verantworten haben«. Dazu zählt Epiktet »Annehmen und Auffassen, Handeln, Wollen, Begehren und Ablehnen«. Für ihn steht außer Frage, dass wir letztlich über unser Denken und Handeln die Kontrolle gewinnen können und müssen. Die Macht des Unbewussten und Nicht-Kontrollierbaren war ihm noch nicht bekannt oder galt ihm zumindest nicht als unüberwindbare Schranke. Selbst Freud stellt seinem eigenen Diktum: »Das Ich ist nicht Herr im eigenen Haus« die Aufforderung entgegen: »Wo Es ist, muss Ich werden!«. Damit bleibt auch Freud einer aufklärerischen Psychologie und Philosophie verpflichtet und trifft sich hierin mit Epiktet. Epiktets Beispiele aber dafür, was nicht in unserer Macht steht, klingen zunächst veraltet: »unser Körper, unser Besitz, unser gesellschaftliches Ansehen, unsere Stellung«. Die moderne Medizin und Schönheitschirurgie, marktwirtschaftliches Gewinnstreben und Karriereplanung scheinen das Gegenteil zu beweisen. Dennoch erfahren wir bis heute unsere biologischen, ökonomischen und sozialen Grenzen. Deshalb erscheint Epiktets Ratschlag immer noch hilfreich und praktikabel, sich durch eine realistische Einschätzung derartiger Grenzen innerlich zu befreien. Obwohl wir nicht alle äußeren Grenzen restlos auflösen können, haben wir die Freiheit, uns ihrem Einfluss weitgehend zu entziehen. Um sich innerlich frei von äußeren Einflüssen zu machen, empfiehlt Epiktet eine ganz konkrete Methode. Man soll sich bei jedem unangenehmen Eindruck (*phantasia*) zunächst klarmachen, dass die subjektive Wahrnehmung und das Phänomen selbst (*phainomenon*) verschieden sind. Unser Eindruck kann, muss aber nicht von dem Phänomen selbst stammen. Wenn sich aber unsere Wahrnehmung auf etwas bezieht, das sowieso nicht in unserer Macht steht, solle man sich erst gar nicht damit beschäftigen: »dann sag dir sofort: ›Es geht mich nichts an!‹«

Epiktets zweite Hauptregel bezieht sich ausschließlich auf die innere Haltung, die er »Zurückhaltung und Gelassenheit« nennt. Die Veränderung äußerer Umstände, soweit dies überhaupt in unserer Hand liegt, ist nicht sein Thema. Ihm geht es nur darum, sich nicht unnötig zu beunruhigen. Eine angemessene mentale Ökonomie hätte den Vorteil, dass man seine Kräfte für lohnenswerte Einsätze aufspart. Dass Epiktet das praktische Handeln nicht egal ist, zeigt seine Unterscheidung zwischen »Begehren« und dem »Willen zum Handeln«. Er empfiehlt, das konkrete unmittelbare Begehren zurückzustellen und sich in gelassener Distanz auf den grundsätzlichen »Willen zum Handeln« oder auf die grundsätzliche Handlungsbereitschaft zu konzentrieren. Hierfür ist die Prüfmethode der ersten Hauptregel hilfreich, dies jedoch »nicht verkrampft, sondern mit Zurückhaltung und Gelassenheit«. Mentales Training und Psychohygiene sind für Epiktet der erste Schritt für eine gelingende Praxis. Dies könnte auch heute jeder Therapeut und Coach bestätigen.

Epiktets dritte Hauptregel ist von unmittelbar praktischem Nutzen. Um die unvermeidlichen Enttäuschungen über schwere Verluste auf das rechte Maß zu begrenzen, empfiehlt er, sich den Wert von Dingen, etwa eines Topfes, und die Vergänglichkeit menschlichen Lebens, etwa seines Kindes oder seiner Frau, klarzumachen. Der Wert von Dingen aber, wie Epiktet zustimmen würde, hängt von der subjektiven Wertschätzung ab. Daher ist seine Regel so zu verstehen, dass man sich über seine Präferenzen klarwerden sollte, wobei auch die beiden vorigen Regeln heranzuziehen sind. Es gibt für uns sicher Wertvolleres als einen »einfache[n] Topf«, zum Beispiel das eigene Kind oder den Lebenspartner. Hier muss man sich nach Epiktet verdeutlichen, dass auch das Kind oder der Lebenspartner Menschen und somit sterblich sind. Dann ist der unvermeidliche Verlust besser zu ertragen.

Auch Epiktets vierte Hauptregel ist recht konkret. Wenn man eine bestimmte Handlung vollzieht, etwa in ein öffentliches Bad geht, solle man sich über die möglichen störenden Begleiterscheinungen im Klaren sein, »wie sie dich naßspritzen, hin und her stoßen, beschimpfen und bestehlen«. Dadurch kann man späteren Ärger vorwegnehmen und mildern, der die angestrebte innere Gelassenheit stören würde. Sieht man sich dazu nicht in der Lage, sollte man erst gar nicht das Bad besuchen. Wie man aber mit seinem Ärger bei unvermeidbaren Handlungen umgehen sollte, sagt Epiktet nicht. Allerdings lassen sich in diesem Fall seine erste Regel und dritte Regel der Realitäts- und Präferenzprüfung anwenden.

Epiktets fünfte Hauptregel ist im Prinzip ebenfalls durchaus hilfreich: »Nicht die Dinge selbst (*pragmata*) beunruhigen die Menschen, sondern ihre Urteile und Meinungen (*dogmata*) über sie.« Beispielsweise sei der Tod nichts Furchtbares, sonst hätte ihn auch ein Sokrates, der als sichere Autorität vorausgesetzt wird, fürchten müssen (Text 7). Epiktet könnte sich ebenso auf Epikurs Argumente berufen (Text 12), dass wir im Tod keinerlei Empfindung mehr haben können. Wenn also nicht die Dinge selbst oder Ereignisse, sondern unsere Auffassung über sie die Quelle unserer Beunruhigung und Furcht sind, liegt es an uns selbst, uns zu beruhigen. Nur wer sich in seiner »Unbildung« dies nicht klarmacht, gibt den Dingen die Schuld an seiner schlechten seelischen Verfassung. Ein wirklich Gebildeter aber bleibt gelassen.

Gelegentlich, so Epiktets sechste Hauptregel, darf man auch stolz auf etwas sein. Sich jedoch zum Beispiel etwas auf die Schönheit seines Pferdes einzubilden, sei falsch, da dessen Anmut einem nicht gehört. Nur das Tier selbst könnte stolz darauf sein. Der Mensch dagegen besitzt ausschließlich seine Eindrücke von der Schönheit des Pferdes. Wenn man sich aber beim Gebrauch der Sinneseindrücke an der »menschlichen Vernunftnatur« orientiert und eine Gelassenheit der Seele erreicht, könne man zu Recht stolz sein, weil einem dieser Vorzug als eigene Leistung tatsächlich gehört.

In seiner siebten Hauptregel schließlich fasst Epiktet seine Empfehlungen für die angemessene Lebensweise zusammen. Als Metapher dafür benutzt er eine Seereise. Natürlich muss man sich dabei um das Lebensnotwendige kümmern, beispielsweise frisches Wasser besorgen. Genauso aber darf man sich den Aufenthalt an Land angenehm machen, beispielsweise »eine Muschel oder einen kleinen Tintenfisch auflesen«. Epiktet ist keineswegs nur am Seelenfrieden abgehoben von der sinnlichen Welt interessiert und empfiehlt kein rein asketisches Leben. Man darf nach ihm beispielsweise auch mit seiner Frau und seinem Kind glücklich sein. Das Wichtigste aber sei, seine Aufmerksamkeit stets auf die unvermeidbare Abfahrt des Lebensschiffs zu richten – »wenn der Steuermann ruft«. Man muss sein Leben stets so führen, dass man jederzeit von allem loslassen kann, wie auch Montaigne empfiehllt (vgl. Text 8). Dies gilt auch für jüngere Menschen, für ältere oder alte Menschen aber in besonderer Weise: »Wenn du aber alt geworden bist, dann entferne dich nur nicht zu weit von dem Schiff, damit du nicht zurückbleibst, falls du gerufen wirst.« Dieser abschließende Rat erinnert an Epikurs philosophische Lebenskunst, egal ob man jung oder alt ist (Text 12).

Epiktets Regeln sind besonders in unserer heutigen Zeit beherzigenswert, da sie sich zunehmend Anfang und Ende des menschlichen Lebens sowie die Natur insgesamt verfügbar macht und die Endlichkeit und Zerbrechlichkeit des Lebens zu verdrängen versucht. Die Grenzen der menschlichen Existenz anzuerkennen und eine innere Gelassenheit zu gewinnen, ist dagegen in jeder Lebensphase zu empfehlen. Allerdings darf man dabei, so gibt der Psychiater und Philosoph Karl Jaspers gegen die Maxime der stoischen Gelassenheit grundsätzlich zu bedenken, die heilende Kraft des Denkens nicht überschätzen: »Der Rat des Stoikers, sich auf die eigene Freiheit in der Unabhängigkeit des Denkens zurückzuziehen, tut uns nicht genug. Der Stoiker irrte, indem er die Ohnmacht des Denkens nicht radikal genug sah. Er verkannte die Abhängigkeit auch des Denkens, das an sich leer ist, angewiesen auf das, was ihm gegeben ist, und die Möglichkeit des Wahnsinns.«[87] Als langjährig praktizierender Psychiater hatte Karl Jaspers genügend Erfahrungen, dass man scheitern muss, wenn man allein mit Hilfe seiner Vernunft im Leben Halt und Trost gewinnen möchte. Die bloße Vernunft oder Reflexion, so Jaspers, scheitert, »weil jede Erfüllung durch ein Geschenktwerden in der Liebe« fehlt.[88] Liebe und innere Ruhe aber zeige sich in der »eigentlichen Kommunikation«, in der Menschen sich wechselseitig und der Welt zugewandt sind.[89] In dieser Einsicht stimmen analytische Philosophen wie Patzig (Text 11) und Existenzphilosophen wie Jaspers überein – ein Kernstück jeder Altersweisheit.

## 14. Was die Politik nach MARTHA NUSSBAUM für ein menschenwürdiges oder gutes Leben tun sollte

Meiner Version des Fähigkeitenansatzes liegt der intuitive Gedanke zugrunde, daß wir von einer bestimmten Konzeption der Würde des Menschen und eines dieser Würde gemäßen Lebens ausgehen sollten. [...] [Der Ansatz; Anm. des Hg.] betont, daß es viele Fähigkeiten gibt (und nicht nur eine), auf die alle Bürgerinnen und Bürger einen Anspruch haben, und daß es sich dabei um Möglichkeiten des Tätigseins handelt, und nicht einfach um Mengen von Ressourcen. Ressourcen stellen keinen angemessenen Index des Wohlergehens dar, weil Menschen dieser Ressourcen in unterschiedlichem Maße bedürfen und auch nicht alle gleichermaßen in der Lage sind, sie in Tätigkeiten zu übersetzen. Zwei Menschen mit einer ähnlichen Ressourcenausstattung können sich in den für soziale Gerechtigkeit entscheidenden Hinsichten tatsächlich erheblich unterscheiden. Dieses Problem erweist sich als besonders akut, wenn wir die Theorie mit Fällen von Beeinträchtigung und Behinderung konfrontieren.

Auf der Grundlage dieser Überlegung werde ich nun eine Liste von zehn Fähigkeiten vorschlagen und begründen, die den wesentlichen Anforderungen an ein menschenwürdiges Leben entsprechen. [...]

Die Liste selbst ist offen und hat im Laufe der Zeit einige Veränderungen erfahren. Sicher wird sie auch in Zukunft im Lichte überzeugender Einwände weiterentwickelt werden. Hier ist meine aktuelle Version.

Die zentralen menschlichen Fähigkeiten

1. *Leben*: Die Fähigkeit, ein menschliches Leben normaler Dauer bis zum Ende zu leben; nicht frühzeitig zu sterben und nicht zu sterben, bevor dieses Leben so eingeschränkt ist, daß es nicht mehr lebenswert ist.

2. *Körperliche Gesundheit*: Die Fähigkeit, bei guter Gesundheit zu sein, wozu auch die reproduktive Gesundheit, eine angemessene Ernährung und eine angemessene Unterkunft gehören.

3. *Körperliche Integrität*: Die Fähigkeit, sich frei von einem Ort zum anderen zu bewegen; vor gewaltsamen Übergriffen sicher zu sein, sexuelle Übergriffe und häusliche Gewalt eingeschlossen; Gelegenheit zur sexuellen Befriedigung und zur freien Entscheidung im Bereich der Fortpflanzung zu haben.

4. *Sinne, Vorstellungskraft und Denken*: Die Fähigkeit, die Sinne zu benutzen, sich etwas vorzustellen, zu denken und zu schlußfolgern – und dies alles auf jene »wahrhaft menschliche« Weise, die von einer angemessenen Erziehung und Ausbildung geprägt und kultiviert wird, die Lese- und Schreibfähigkeit sowie basale mathematische

und wissenschaftliche Kenntnisse einschließt, aber keineswegs auf sie beschränkt ist. Die Fähigkeit, im Zusammenhang mit dem Erleben und Herstellen von selbstgewählten religiösen, literarischen, musikalischen etc. Werken und Ereignissen die Vorstellungskraft und das Denkvermögen zu erproben. Die Fähigkeit, sich seines Verstandes auf Weisen zu bedienen, die durch die Garantie der politischen und künstlerischen Meinungsfreiheit und die Freiheit der Religionsausübung geschützt werden. Die Fähigkeit, angenehme Erfahrungen zu machen und unnötigen Schmerz zu vermeiden.

5. *Gefühle*: Die Fähigkeit, Bindungen zu Dingen und Personen außerhalb unserer selbst aufzubauen; die Fähigkeit, auf Liebe und Sorge mit Zuneigung zu reagieren und auf die Abwesenheit dieser Wesen mit Trauer; ganz allgemein zu lieben, zu trauern, Sehnsucht, Dankbarkeit und berechtigten Zorn zu fühlen. Die Fähigkeit, an der eigenen emotionalen Entwicklung nicht durch Furcht und Ängste gehindert zu werden. (Diese Fähigkeit zu unterstützen heißt auch, jene Arten der menschlichen Gemeinschaft zu fördern, die erwiesenermaßen für diese Entwicklung entscheidend sind.)

6. *Praktische Vernunft*: Die Fähigkeit, selbst eine persönliche Auffassung des Guten zu bilden und über die eigene Lebensplanung auf kritische Weise nachzudenken. (Hierzu gehört der Schutz der Gewissens- und Religionsfreiheit.)

7. *Zugehörigkeit*:

A. Die Fähigkeit, mit anderen und für andere zu leben, andere Menschen anzuerkennen und Interesse an ihnen zu zeigen, sich auf verschiedene Formen der sozialen Interaktion einzulassen; sich in die Lage eines anderen hineinzuversetzen. (Der Schutz dieser Fähigkeit erfordert den Schutz jener Institutionen, die diese Formen der Zugehörigkeit konstituieren und fördern, sowie der Versammlungs- und Redefreiheit.)

B. Über die sozialen Grundlagen der Selbstachtung und der Nichtdemütigung zu verfügen; die Fähigkeit, als Wesen mit Würde behandelt zu werden, dessen Wert dem anderer gleich ist. Hierzu gehören Maßnahmen gegen die Diskriminierung auf der Grundlage von ethnischer Zugehörigkeit, Geschlecht, sexueller Orientierung, Kaste, Religion und nationaler Herkunft.

8. *Andere Spezies*: Die Fähigkeit, in Anteilnahme für und in Beziehung zu Tieren, Pflanzen und zur Welt der Natur zu leben.

9. *Spiel*: Die Fähigkeit zu lachen, zu spielen und erholsame Tätigkeiten zu genießen.

10. *Kontrolle über die eigene Umwelt*:

A. *Politisch*: Die Fähigkeit, wirksam an den politischen Entscheidungen teilzunehmen, die das eigene Leben betreffen; ein Recht auf politische Partizipation, auf Schutz der freien Rede und auf politische Vereinigung zu haben.

B. *Inhaltlich*: Die Fähigkeit, Eigentum (an Land und an beweglichen Gütern) zu besitzen und Eigentumsrechte auf der gleichen Grundlage wie andere zu haben; das Recht zu haben, eine Beschäftigung auf der gleichen Grundlage wie andere zu suchen; vor ungerechtfertigter Durchsuchung und Festnahme geschützt zu sein. Die Fähigkeit, als

Mensch zu arbeiten, die praktische Vernunft am Arbeitsplatz ausüben zu können und in sinnvolle Beziehungen der wechselseitigen Anerkennung mit anderen Arbeitern treten zu können.

Der grundlegenden Idee zufolge läßt sich mit Bezug auf jede dieser Fähigkeiten zeigen, daß ein Leben ohne sie kein der Menschenwürde gemäßes Leben wäre. Hierzu stellen wir uns eine bestimmte Lebensform vor, in der diese Fähigkeit fehlt; die Begründung ist somit intuitiv und diskursiv. Dennoch bin ich der Auffassung, daß das Verfahren und die Liste selbst eine breite kulturübergreifende Zustimmung finden können, ähnlich wie die internationalen Vereinbarungen, die über die grundlegenden Menschenrechte erreicht werden konnten. Tatsächlich handelt es sich beim Fähigkeitenansatz meines Erachtens um eine Variante des Menschenrechtsansatzes, und die Menschenrechte sind häufig auf ähnliche Weise auf die Idee der Menschenwürde bezogen worden.

Der Fähigkeitenansatz ist im vollen Sinne universell. Er besagt, daß die genannten Fähigkeiten für jeden einzelnen Bürger in jedem Staat wichtig sind und daß jede Person als Zweck zu behandeln ist. In dieser Hinsicht ähnelt der Ansatz dem Verständnis internationaler Menschenrechte; und wie gesagt betrachte ich den Fähigkeitenansatz als eine Art von Menschenrechtsansatz. Die Argumentation für eine Reihe kulturübergreifender Normen und gegen kulturrelativistische Positionen ist ebenfalls eine wichtige Dimension dieses Ansatzes. Zugleich muß aber betont werden, daß die Norm der Achtung des Pluralismus eine wichtige Rolle spielt.

Martha Craven Nussbaum (geb. 1947) ist eine der bekanntesten gegenwärtigen Philosophinnen der USA, die auch zu aktuellen gesellschaftlichen und politischen Fragen öffentlich Stellung bezieht. Ihre Interessen sind vielfältig, wie sich in ihren beruflichen Tätigkeiten widerspiegelt. Sie wurde 1985 Professorin für Philosophie, Altphilologie und vergleichende Literaturwissenschaften an der *Brown University* in Providence/Rhode Island, seit 1995 lehrt sie als Professorin für Rechtswissenschaft und Ethik an der *University of Chicago*. Von 1987 bis 1993 war sie außerdem als Forschungsberaterin am *World Institute for Development of Economic Research* tätig, einer Abteilung der *United Nations University* in Helsinki. In diesem Zusammenhang entwickelte sie ein Konzept für Lebensqualität und soziale Gerechtigkeit, das nicht nur auf ökonomischen Fakten des Bruttosozialprodukts beruht. Dabei arbeitete sie eng mit dem Ökonomen und Philosophen Amartya Sen (geb. 1933) zusammen, der 1998 den Nobelpreis für Wirtschaftswissenschaft erhielt. Eine ihrer bekanntesten zahlreichen Veröffentlichungen ist *Die Zerbrechlichkeit des Guten* (1986). Darin schließt sie sich der Auffassung von Aristoteles an, dass der Mensch nur dann ein glückliches oder gutes Leben führen kann, wenn er sich der möglichen Schicksalsschläge bewusst ist. Der ausgewählte Textauszug stammt aus ihrem neuesten Buch *Die Grenzen der Gerechtigkeit, Behinderung, Nationalität und Spezieszugehörigkeit* (2010, amerikan. 2006).

Die Frage nach dem menschenwürdigen oder guten Leben hängt eng mit der Frage nach dem glücklichen Leben zusammen. So wollte der sagenhafte, reiche und mächtige Lyderkönig Krösos einmal von Solon, einem der berühmten sieben Weisen im antiken Griechenland, wissen, wer seiner Meinung nach der glücklichste Mensch sei. Statt aber, wie erhofft, von Solon seinen eigenen Namen zu hören, bekam er von ihm die Antwort, niemand könne vor seinem Ende als glücklich gepriesen werden. In der Tat wurde Krösos einige Jahre später von den Persern besiegt. Eine Darstellung aus dem Mittelalter zeigt, wie Krösos mit seinem königlichen Ornat auf dem Scheiterhaufen verbrannt wird. Er erfuhr die »Zerbrechlichkeit des Guten« (Nussbaum) am eigenen Leib. Natürlich kann man bezweifeln, ob deswegen sein Leben insgesamt als unglücklich bezeichnet werden muss. Denn schließlich nennt man auch jemanden, der im Alter in Armut, Krankheit und Verlassenheit stirbt, aber vorher ein gutes Leben geführt hat, kaum unglücklich. Er hat einfach am Schluss seines Lebens weniger Glück als vorher gehabt, kann aber noch im Alter von seiner Erinnerung an bessere Tage zehren.

Aber zunächst sollte man klären, was eigentlich unter einem glücklichen Leben verstanden werden sollte. Für gewöhnlich versteht man darunter ein »erfülltes« oder »gelingendes« Leben in einem umfassenden Sinne, das heißt, es muss emotional, sozial, beruflich und materiell »gut« sein. Ob ein glückliches Leben auch moralisch gut sein sollte, ist umstritten. Jemand kann ein glückliches Leben führen, ohne moralisch zu leben. Dies wird man aber kaum als ein in jeder

Hinsicht »menschenwürdiges« Leben bezeichnen. Außerdem kann Glück auf das Leben insgesamt bezogen werden, wie in der Antwort des Solon, oder es kann sich auf eine bestimmte Episode im Leben beziehen und sich mit unglücklichen Phasen abwechseln, wie es bei Krösos der Fall war. Beides wiederum, das übergreifende und das episodische Glück, ist davon abhängig, ob man unter günstigen Umständen lebt, wie es am Schluss bei Krösos nicht mehr der Fall war. »Jeder ist seines Glückes Schmied« ist eben nur die halbe Wahrheit. Außerdem kommt es bei der Beurteilung eines Lebens als glücklich oder gut darauf an, was man inhaltlich darunter versteht und worin man seine Präferenzen setzt. Krösos begriff offensichtlich unter Glück lediglich äußeres Wohlergehen. Martha Nussbaum dagegen versteht darunter ein menschenwürdiges Leben, in dem jemand die Möglichkeit hat, elementare menschliche Fähigkeiten zu entfalten. Dies kann und sollte von jedem Einzelnen in einer Vielzahl von Möglichkeiten konkretisiert werden, wie Nussbaum am Schluss des Textes als »Norm des Pluralismus« betont, die Politik muss jedoch gerechte, »universelle« Rahmenbedingungen für jeden schaffen.

Die Frage, was ein menschenwürdiges oder gutes Leben ist, stellt sich für junge Menschen, wenn sie ihr Leben planen, etwa einen Beruf ergreifen oder eine Familie gründen. Sie ist aber auch zentral für eine gerechte Altenpolitik besonders im Hinblick auf die Altenpflege, die sich nicht nur am Nutzensprinzip orientieren darf. Die Frage kommt auch für den Einzelnen auf, wenn er rückblickend über sein eigenes Leben nachdenkt. Wenn jemand »alt und weise« geworden ist, kann er im Rückblick aufgrund seiner Erfahrungen möglicherweise sagen, was ein gutes oder glückliches Leben ist. Für den alten Kephalos bei Platon (Text 4) besteht es vor allem darin, dass man eine Charakterhaltung entwickelt, in der man seine Leidenschaften und Triebe nicht mehr blind und zerstörerisch auslebt, sondern besonnen von ihnen einen angemessenen Gebrauch macht. Um ein solches Leben im Alter führen zu können, ist Reichtum hilfreich. Beides zusammen, ein ausgeglichener Charakter und ein materiell gesichertes Leben, machen für Kephalos Gerechtigkeit aus.

Zu einem guten oder gelungenen Leben gehört für Kephalos auch, dass man sich Gedanken macht, was möglicherweise nach dem Tod kommt, um in einem Jenseits vor einer höheren Instanz Rechenschaft über sein Leben zu geben. Zwar kommen in dem Textauszug von Martha Nussbaum Götter oder jenseitige Instanzen nicht vor, vor denen man sich zu rechtfertigen hätte. Dennoch ist auch für sie die Fähigkeit wichtig, sich »selbst eine persönliche Auffassung des Guten zu bilden und über die eigene Lebensplanung auf kritische Weise nachzudenken« (6. Punkt). Die Vorstellung eines selbstverantwortlichen Lebens ist hierbei leitend. Selber verantwortlich sein hat für Nussbaum keine subjektivistische oder relativistische Bedeutung. Vielmehr vertritt sie einen »essenzialistischen« Ansatz. Danach kann man wesentliche, für alle verbindliche Gründe angeben, inwiefern man ein Leben zu Recht gut nennt. Diese Gründe führt Nussbaum nicht auf ein metaphysisch oder religiös bestimmtes Wesen des Menschen zurück, sondern auf seine empirisch erfassbaren Fähigkeiten, die man bei allen Menschen vorfindet und die »eine breite kulturübergreifende Zustimmung« finden können. Wieweit Nussbaum dabei auf quantitative Erhebungen oder auf qualitative Gesprächserfahrungen aus ihrer Arbeit am UN-Projekt in Helsinki zurückgreift, führt sie an dieser Stelle nicht näher aus.

Aus Nussbaums »kulturübergreifendem« oder universalistischem Konzept des menschenwürdigen oder guten Lebens folgt für das Leben im Alter, dass es sich nach objektiven Kriterien bemessen lassen muss, die vor allem für eine Altenpolitik bindend sind. Bei aller Verbindlichkeit der objektiven Kriterien betont Nussbaum aber auch, dass ihre Liste »offen« für neue Argumente und Erfahrungen ist. Vor allem betont sie, dass jeder Einzelne aufgrund seiner persönlichen Überlegungen und Entscheidungen sein Leben selber gestalten soll und kann. Die sozialen und politischen Institutionen haben allerdings dafür zu sorgen, dass die Menschen überhaupt die Möglichkeit haben, ein menschenwürdiges Leben in vollem Umfang zu verwirklichen.

Die Liste der wichtigsten menschlichen Fähigkeiten (*capabilities*) stellt nach Nussbaum das Minimalkonzept dessen dar, was es heißt, menschenwürdig zu leben, und was eine entsprechende Politik zu tun hat. Zu diesen Fähigkeiten zählt für Nussbaum vorrangig die Erfahrung von Sterblichkeit: »Alle Menschen haben den Tod vor sich und wissen nach einem bestimmten Alter auch, daß sie ihn vor sich haben. Dieses Faktum überformt mehr oder weniger jedes andere Element des menschlichen Lebens. Außerdem haben alle Menschen eine Abneigung gegen den Tod. Auch wenn unter bestimmten Umständen der Tod gegenüber verfügbaren Alternativen vorgezogen wird, ist der Tod eines geliebten Menschen oder die Aussicht auf den eigenen Tod ein Anlaß zu Kummer und/oder Angst.«[90] Man kann sicher bestreiten, dass wirklich alle Menschen Angst vor dem Tode haben. Eine Ausnahme war etwa Sokrates (Text 7). Dem Tod gelassen entgegenzusehen, empfehlen auch stoische Philosophen wie Epikur (Text 12) oder Epiktet (Text 13). Und religiöse Menschen fühlen sich, so Küng, in Gott geborgen und getröstet (Text 9). Dennoch kann man Nussbaum zustimmen, dass die Aussicht auf den Tod für die meisten eher mit Kummer und Angst verbunden ist. Auf jeden Fall lassen wir erst »nach einem bestimmten Alter« die Einsicht zu, dass wir unweigerlich sterben werden. Wohl jeder möchte, wie Nussbaum als ersten Punkt ihrer Liste betont, nicht sterben, »bevor dieses Leben so eingeschränkt ist, daß es nicht mehr lebenswert ist«. Was nach ihr ein derartiges lebenswertes Leben für jeden Menschen ausmacht, führen die anschließenden »zentralen menschlichen Fähigkeiten« auf. Ihre Liste kann, wie Nussbaum überzeugt ist, tatsächlich eine universelle Geltung beanspruchen: die körperlichen und kognitiven Fähigkeiten, die praktische Vernunft und eigene Lebensgestaltung, die Beziehung zu anderen Lebewesen, der Humor und der Spieltrieb, der individuelle Lebensweg, die Zugehörigkeit zu anderen Menschen und zur Natur, nicht zuletzt aber die »Kontrolle über die eigene Umwelt«.

Martha Nussbaum versteht ihre Liste in einem universalistischen Sinne als Norm für gesellschaftliches und politisches Handeln. Wenn man beurteilen möchte, welches Leben insgesamt oder speziell im Alter gut ist, muss man allerdings eine Rangfolge aufstellen, da nicht alle Fähigkeiten in gleicher Weise gewährleistet und realisiert werden können. Eine derartige Rangfolge findet man bei ihr nicht. Immerhin hebt sie die Fähigkeit zur praktischen Vernunft und zu sozialen Bindungen besonders hervor.[91] Wir müssen selber beurteilen können, ob unser Leben menschenwürdig ist, und wir müssen die Möglichkeit haben, mit anderen Menschen Bindungen einzugehen. Dies setzt natürlich voraus, dass es uns körperlich gut geht und dass wir Freude am Leben haben. So geht die berühmte »Maslowsche Bedürfnis-Pyramide« davon aus, dass an ihrer Basis die physiologischen und sozialen Bedürfnisse sowie das Sicherheitsstreben stehen, es folgt die wechselseitige Wertschätzung, und die Spitze der Pyramide bildet die Selbstverwirklichung. Nähere Festlegungen aber vorzunehmen, widerspräche der von Nussbaum zu Recht geforderten »Achtung des Pluralismus«.

Auch was ein menschenwürdiges oder gutes Leben im Alter konkret ist, kann jeder nur für sich wissen und beurteilen. Die politischen Rahmenbedingungen müssen es jedoch emöglichen, seine zentralen menschlichen Fähigkeiten zu realisieren. Daran muss sich jede Altenpolitik messen lassen, auch einzelne konkrete Programme. Beispielsweise lässt sich der rheinland-pfälzische Landesaktionsplan *Gut Leben im Alter* vom November 2010 anhand von Nussbaums Liste danach beurteilen, inwiefern er unvollständig ist. Die darin berücksichtigten Gesichtspunkte wie solidarisches Miteinander der Generationen, Ausschöpfen von Lebenserfahrung und Berufskompetenz oder soziales Engagement sind zweifellos zu begrüßen. Dennoch fehlen in der Landesaktion aus Nussbaums Liste etwa die Möglichkeiten, sich eine »Auffassung des Guten« zu bilden, über die eigene Lebensplanung auf kritische Weise nachzudenken, Freude zu haben oder Naturerfahrungen machen zu können. Philosophisch-literarische Gesprächs- und Lesekreise, Spiele und Theater oder Wanderungen wären hierfür leicht zu realisierende Angebote in einem Aktionsplan, der *Gut leben im Alter* heißt. Natürlich können Aktionen dieser Art nicht alle menschlichen Fähigkeiten berücksichtigen. Sie können und müssen sich aber nach dem Fähigkeitenansatz danach prüfen lassen, welche Präferenzen sie setzen. Dabei kann sich herausstellen, dass ihnen ein reduziertes Bild vom guten Leben im Alter zugrunde liegt.

## 15. »Gewonnene Jahre« – welche Empfehlungen die Akademiengruppe Altern in Deutschland gibt

Die nun folgenden Legenden über das Alter und ihre Widerlegung basieren auf der Auseinandersetzung der Akademiengruppe mit den Herausforderungen und Chancen des demographischen Wandels und der dadurch gewonnenen Einsicht, dass es ein erster wichtiger und unerlässlicher Schritt auf dem Weg zur Nutzung des Potenzials der gewonnenen Jahre ist, tief im Denken verwurzelte, einseitig negative Vorstellungen über das Alter zu revidieren. Um solchen ganz normal, weil üblich, erscheinenden Vorstellungen begegnen zu können, schien uns die holzschnittartige Überzeichnung ein legitimes und nützliches Hilfsmittel. Die im Folgenden gewählten Formulierungen sind in diesem Sinne zu verstehen.

*Legende 1: »Das Alter beginnt mit 65 Jahren.«*

*Falsch.* Die Vorstellung, das Alter würde mit einem bestimmten Lebensjahr beginnen, ist zwar alt, aber dennoch eine soziale Konstruktion. Sie stammt aus der antiken Welt, hat in Europa im Mittelalter und in der Neuzeit weitergelebt und ist auch in außereuropäischen Kulturen verbreitet. Die wenigsten Menschen wussten früher genau, wie alt sie waren, und es war für ihre Lebens- und Arbeitswelt auch nicht relevant. Mit dem modernen Staat, mit der industriellen Arbeitswelt und mit den Rentensystemen des 20. Jahrhunderts haben kalendarische Altersgrenzen praktische Wirkung für alle erlangt. Heute werden sie mehr und mehr fragwürdig: Sie ignorieren, dass immer mehr Menschen in immer höherem Alter zu einem aktiven und selbstbestimmten Leben fähig sind.

*Legende 2: »Wenn man das kalendarische Alter kennt, weiß man viel über eine Person.«*

*Falsch.* Je älter wir werden, desto weniger aussagekräftig wird das kalendarische Alter. Während gleichaltrige Babys und Kleinkinder ihre Fertigkeiten und Bedürfnisse mit nur wenigen Monaten Unterschied erwerben und ausbilden, nehmen die Unterschiede zwischen den Erwachsenen immer mehr zu. Bis ins Jugendalter hinein erlaubt das kalendarische Alter recht gute Rückschlüsse, aber im Erwachsenenalter vergrößern sich die Unterschiede zwischen den Individuen zunehmend, da menschliche Entwicklung nicht im Abspielen eines festgelegten Programms besteht, sondern aus der kontinuierlichen Wechselwirkung zwischen biologischen, kulturellen und persönlichen Einflüssen entsteht. Im Alter sind die Unterschiede zwischen Menschen gleichen Alters dann so groß, dass ein 70-Jähriger geistig ebenso leistungsfähig sein kann wie ein 50-Jähriger, aber ebenso ein 70-Jähriger aussehen und sich fühlen kann wie ein 90-Jähriger.

*Legende 3: »Alte Menschen können nichts Neues mehr lernen.«*

*Falsch.* Solange der Mensch lebt und nicht durch Krankheit stark beeinträchtigt ist, kann er Neues lernen. Lernen und Veränderung hängen aber auch von den Ressourcen und den Anreizen ab, die einer Person zur Verfügung stehen. Erwachsene lernen besonders gut, wenn sie einen konkreten Nutzen erkennen und das neue Wissen anwenden können. Die Bereitschaft, im Erwachsenenalter zu lernen, ist vor allem auch abhängig von der Vorbildung.

*Legende 4: »Ältere Beschäftigte sind weniger produktiv.«*

*Falsch (in dieser allgemeinen Formulierung).* Ältere und jüngere Beschäftigte unterscheiden sich in ihren Stärken und Schwächen. Ältere Beschäftigte mögen körperlich weniger kräftig und weniger reaktionsschnell sein, dafür haben sie im Allgemeinen mehr Erfahrung, soziale Fertigkeiten und Alltagskompetenz. Produktivität hängt davon ab, wie diese Fähigkeiten für die jeweilige Tätigkeit gewichtet sind und wie sie zum jeweiligen Arbeitsplatz passen. In Betrieben, in denen die Wertschöpfung präzise gemessen werden kann, zeigt sich, dass Arbeitsteilung und -organisation altersspezifische Vor- und Nachteile bis zur gegenwärtigen Altersgrenze in etwa ausgleichen. Im Übrigen nehmen auch die Krankheitstage nicht zu, wie ein weiteres gängiges Vorurteil lautet. Ältere Arbeitnehmer fehlen zwar länger, wenn sie einmal krank sind, werden aber seltener krank als Jüngere. Jüngere und Ältere unterscheiden sich auch nicht darin, wie häufig sie

Verbesserungen und Innovationen im Betrieb vorschlagen.

*Legende 5: »Alte Menschen wollen mit moderner Technik nichts zu tun haben.«*

*Falsch.* Auch sehr alte Menschen nutzen Technik gerne, wenn sie ihnen den Alltag erleichtert und ihnen dabei hilft, ihre Ziele zu erreichen. Viele ältere Menschen können dank technischer Unterstützung ihren eigenen Haushalt führen und sich in ihrem außerhäuslichen Umfeld besser zurechtfinden. Technik kann die Auswirkungen alterungsbedingter Einbußen und Einschränkungen vermeiden, hinauszögern, ausgleichen und abschwächen, indem sie Fähigkeiten trainiert, Alltagskompetenzen unterstützt und Vitalfunktionen überwacht. Sie kann die Gewohnheiten und Vorlieben der Nutzer erlernen und bei Bedarf unterstützen. Außerdem ist sie ein Tor zur Welt auch für Menschen mit körperlichen Einschränkungen – immer mehr ältere Erwachsene nutzen das Internet.

*Legende 6: »Die Alten nehmen den Jungen die Arbeitsplätze weg.«*

*Falsch.* Die verstärkte Beschäftigung älterer Arbeitnehmer steht in der Volkswirtschaft nicht grundsätzlich in Konkurrenz zu einer verstärkten Beschäftigung jüngerer Arbeitnehmer, sondern kann sie im Gegenteil sogar fördern. Denn über eine Senkung der Lohnnebenkosten und aufgrund niedrigerer Sozialversicherungsbeiträge trägt sie zur Schaffung neuer Arbeitsplätze und zu gesteigertem wirtschaftlichen Wachstum bei. Frühverrentung hingegen belastet durch höhere Sozialversicherungsbeiträge auch die jüngeren Arbeitnehmer und steigert die preisbedingte Absatzschwäche der Produkte. Beides zusammen verringert die Beschäftigung. Ganz in diesem Sinne zeigt es sich auch, dass in OECD-Ländern mit hoher Frühverrentungsquote (zum Beispiel Frankreich, Italien) die Jugendarbeitslosigkeit nicht etwa besonders niedrig, sondern besonders hoch ist.

*Legende 7: »Volkswirtschaften mit alternder Bevölkerung sind zum Nullwachstum verdammt.«*

*Falsch.* Das Wirtschaftswachstum hängt vom Wachstum der Anzahl der Beschäftigten mal deren Arbeitsstunden ab. Die Arbeitsproduktivität sinkt keineswegs unabänderlich mit dem Alter der Beschäftigten (vgl. Legende 4). Durch verstärkte Aus- und Weiterbildung und durch erhöhten Einsatz von Maschinen und Computern kann sie sogar weiter verbessert werden. Auch die Anzahl der Beschäftigten muss nicht notwendigerweise sinken, wenn mehr alte Menschen in dieser Gesellschaft leben. Wir haben in Deutschland im internationalen Vergleich ein niedriges Niveau der Beschäftigung von Frauen und älteren Menschen. Wenn man über die nächsten 25 Jahre die Erwerbsquoten in Deutschland an die der Nachbarn Dänemark und Schweiz angleicht, kann der Altersstrukturwandel fast vollständig ausgeglichen werden. Ob wir auch in Zukunft das gleiche Wirtschaftswachstum wie heute oder ein Nullwachstum haben werden, hängt also ganz entscheidend von unseren Anstrengungen ab, höhere Beschäftigungsquoten zu erzielen und die Beschäftigten besser aus- und weiterzubilden.

*Legende 8: »Ältere Arbeitnehmer müssen durch besondere Regeln geschützt werden.«*

*Falsch (in dieser Pauschalität).* Ein starker Schutz der Älteren, die einen Arbeitsplatz besitzen (»Insider«), kann sich gegen diejenigen älteren Menschen wenden, die keinen Arbeitsplatz haben oder ihn gerade verloren haben (»Outsider«). Soweit Betriebe beispielsweise davon ausgehen, dass ältere Arbeitnehmer einem erhöhten Kündigungsschutz unterliegen, werden sie bei der Neueinstellung von Arbeitnehmern jüngere Arbeitnehmer mit geringerem Kündigungsschutz vorziehen, um sich so eine höhere Flexibilität des Personalbestandes zu erhalten.

*Legende 9: »Steigende Lebenserwartung bedeutet mehr Krankheit und Pflege.«*

*Falsch.* Gesundheitliche Einschränkungen und chronische Behinderungen im Alter haben sowohl bei Männern als auch bei Frauen im Vergleich zu früheren Jahren abgenommen. Die durchschnittliche gesunde Lebenszeit jenseits des 65. Lebensjahres ist allein in der Dekade der 1990er um zweieinhalb bzw. eineinhalb Jahre gestiegen (Männer/Frauen). Schlaganfall oder Herzinfarkt werden dank des medizinischen Fortschritts heute öfter überlebt. Beeinträchtigungen durch diese Erkrankungen werden seltener, und sie können mit modernen technischen und medizinischen Hilfsmitteln heute besser ertragen werden. Die Lebensqualität ist trotz chronischer Krankheit und/oder Behinderung besser als früher. Insgesamt hat das Risiko, pflegebedürftig zu werden, in Deutschland in den letzten Jahren abgenommen.

*Legende 10: »Prävention und Rehabilitation können im Alter nichts mehr bewirken.«*

*Falsch.* Prävention und Rehabilitation sind in allen Lebensphasen, aber gerade auch im Alter unerlässlich und effektiv. Alte Menschen profitieren enorm von gezielter und früh einsetzender Rehabilitation etwa nach einem Schlaganfall, Herzinfarkt oder Sturz. Behinderung und Pflegebedürftigkeit können dadurch oft verhindert werden. Gesunde Ernährung, körperliche Aktivität, Nichtrauchen und Schutz vor Passivrauchen sind die Grundpfeiler von Gesundheitsförderung und Prävention. Deshalb sollte auf individueller und staatlicher Ebene alles getan werden, um besseres Ernährungsverhalten, mehr körperliche Aktivität und weniger Zigarettenkonsum in der Bevölkerung zu erreichen. Die individuelle Leistungsfähigkeit ist keine statische Eigenschaft, sie kann und muss durch Aktivität und Lebensweise erhalten oder immer wieder hergestellt werden.

*Legende 11: »Altern führt zu geringerer Mobilität.«*

*Falsch.* Ältere Menschen sind vielfältig mobil, wenngleich sich die Mobilitätszwecke verändern. Mobilität und Aktivität stehen in einem engen Wechselverhältnis. Das gilt für die alltäglichen Mobilitätsformen und die Wohnortwechsel im Lebensverlauf. Allerdings sind oft die Mobilitätsbedürfnisse der Alten und die Mobilitätsangebote ihrer Umgebung nicht richtig aufeinander abgestimmt. So werden ältere Menschen zu früh und gezwungenermaßen immobil, bewegen sich weniger in der Öffentlichkeit, nehmen weniger Angebote wahr und leben mit einer Infrastruktur, die nicht optimal für eine Gesellschaft aller Alter eingerichtet ist.

*Legende 12: »Alte Menschen fallen ihren Angehörigen zur Last.«*

*Falsch.* Insgesamt unterstützen alte Menschen ihre Angehörigen in der Regel mehr, als sie von ihnen unterstützt werden. Das geschieht finanziell, aber auch in Form praktischer Hilfe, z. B. durch Mithilfe im Haushalt und durch Betreuung der Enkelkinder, wenn die Eltern abwesend sind. Wenn man die finanziellen Leistungen zwischen den Generationen in der Familie und den Geldwert solcher Arbeitsleistungen zusammenrechnet, so sind die Älteren bis zum 80. Lebensjahr die Gebenden, erst danach überwiegt das Nehmen. Sie tragen maßgeblich dazu bei, dass junge Erwachsene die Schwierigkeiten des Berufseinstiegs und der Familiengründung besser meistern können. Darüber hinaus engagieren sich die Älteren auch in beträchtlichem Maße im ehrenamtlichen Bereich.

*Legende 13: »Ein Kampf der Generationen steht bevor.«*

*Falsch.* Die empirische Forschung zeigt: Weder in Familie und Zivilgesellschaft noch in der Politik nehmen die Gegensätze zwischen den Generationen stärker zu als der Zusammenhalt zwischen ihnen. Außerdem: Das Alter ist eine Lebensphase, die alle erreichen möchten. Insofern würde man als Junger in einem Kampf der Generationen in gewisser Weise gegen sich selbst kämpfen.

*Legende 14: »An den demographischen Wandel muss sich unsere Gesellschaft durch Seniorenpolitik anpassen.«*

*Falsch.* Politik für Alte muss sich auf den ganzen Lebenslauf richten. Denken wir vom Alter her, müssen wir das Gesamtsystem verändern – zum Wohle aller. Versuchen wir zum Beispiel nicht die frühen Bildungsprozesse zu optimieren, rächt sich das ein Leben lang, bis ins hohe Alter hinein. Kümmern wir uns nicht um die Optimierung des Humanvermögens und damit der Produktivität, so fehlen die Ressourcen zur Finanzierung von Gesundheitsleistungen und Renten im Alter. Verbessert man die Vereinbarkeit von Familie und Beruf, erhöht sich die Beteiligung von Frauen am Arbeitsmarkt und damit die Produktivität, die wiederum wichtige Ressourcen für das Alter zur Verfügung stellt.

*Legende 15: »Alternde Gesellschaften sind reformunfähig.«*

*Falsch.* Eher ist das Gegenteil der Fall: im Hinblick auf die Reorganisation der Arbeitswelt, des Bildungssystems, der sozialstaatlichen Regeln u. a. enthüllt und verstärkt das demographische Altern den Reformbedarf; es erhöht den politischen Handlungsdruck. Falls sich die Institutionen und die Mentalitäten dieser Herausforderung gewachsen zeigen, statt sie zu blockieren, ist die Beschleunigung von Neuerung und Anpassung, ist gesellschaftliche Dynamik die Folge.

Die Akademiengruppe *Altern in Deutschland* besteht aus Wissenschaftlern und Praktikern verschiedener Disziplinen wie Geschichtswissenschaft, Medizin, Ökonomie, Philosophie, Politologie, Psychologie und Soziologie. Sie befasst sich mit den Chancen und Herausforderungen des demographischen Wandels. Beauftragt zu ihrer Arbeit wurde die Gruppe im Jahr 2005 von der Deutschen Akademie der Naturforscher Leopoldina in Zusammenarbeit mit der Deutschen Akademie der Technikwissenschaften. Der Initiator war der bekannte Berliner Altersforscher Paul B. Baltes (Kommentar Text 5). Die Empfehlungen der Akademiengruppe tragen den Titel »Gewonnene Jahre«. Ihre zentrale Hypothese lautet: »Der Gewinn an Lebenszeit stellt ein noch unausgeschöpftes Fortschrittspotenzial dar.«[92] Mit ihrer Hypothese verbindet die Forschergruppe genauer drei Ziele: »Erstens sollen die Chancen der einzelnen Personen, bis ins hohe Alter hinein ihr Leben selbständig und eigenverantwortlich zu gestalten, verbessert werden. Dazu ist es notwendig, dass die individuellen und kulturellen Bedingungen gegeben sind, die die Wahlfreiheit zwischen alternativen Tätigkeiten und Lebensformen entweder eröffnen oder offenhalten.« Ein zweites Ziel besteht darin, »das Verhältnis der Generationen produktiv, gerecht und solidarisch zu gestalten« als »Gesellschaft für alle Lebensalter«. Drittens sollen

»die Entwicklungsmöglichkeiten der Individuen, die Kooperation der Generationen und die Zukunftsfähigkeit der Gesellschaft als Ganzes« gesichert und gestärkt werden.[93]

Um die Ziele umzusetzen, muss man sich das zugrunde liegende Altersbild vor Augen führen. Im Abschnitt über die »Altersbilder im Wandel der Jahrhunderte«[94] stellen die Autoren bei aller Vielfalt als eine Konstante fest: »Zeit- und kulturübergreifend wird das Alter als teilweiser Rückzug von bisherigen Aktivitäten und vom Getriebe der Welt sowie als Hinwendung zum Privaten, zum Inneren oder zum Jenseits beschrieben.« Dieses Phänomen wird in den Altersbildern entweder positiv bewertet und mit dem »Erlangen von Weisheit und Würde« verbunden oder negativ als »Ausdruck von Schwäche oder Verfall« gesehen. Nach der Studie lässt sich in der Bewertung des Alters eine zeitliche Abfolge verschiedener Diskurse beobachten: vom »Versorgungsdiskurs« im Mittelalter, in dem das Alter als beschränkte Arbeitsfähigkeit und zunehmende Hilfsbedürftigkeit angesehen wurde, zum »Ruhestandsdiskurs« in der Neuzeit, in dem das Alter, durch eine Wiederbelebung antiker Autoren, als »Phase der Entpflichtung, der Muße und der Freizeit« gesehen wurde. »Diese ›späte‹ Freiheit wurde aber meist nicht als Zeit der Ruhe und Untätigkeit verstanden, sondern als Raum für Geselligkeit, Bildung, Reisen und Philosophieren.« Der »Ruhestandsdiskurs« hat sich erst allmählich von der Oberschicht über die Mittelschicht auf die Arbeiterschaft ausgeweitet, wobei die Möglichkeiten des Ruhestands je nach den gegebenen äußeren Umständen, dem Bildungsstand und der Erschöpfung durch die Arbeit unterschiedlich bewertet wurden. In der zweiten Hälfte des 20. Jahrhunderts schließlich haben sich beide Diskurse überlagert. Das Konzept des sozialstaatlich abgesicherten Rentenalters ging einher mit der Entwicklung der Konsum- und Freizeitgesellschaft. Auch im Verhältnis von Lernen, Arbeiten und Muße hat sich laut der Akademiengruppe eine Verschiebung ergeben, auf die in Zukunft stärker zu achten ist: »Die exklusive Zuordnung von Lernen, Ausbildung und Studium zur Jugendphase, von Arbeit zum Erwachsenenleben und von Muße zum Alter ist sowohl für Individuen als auch für die Gesellschaft insgesamt wenig förderlich.«[95]

Neben einer Differenzierung der Altersbilder und Altersdiskurse ist, wie die Verfasser betonen, eine Korrektur der bei uns vorherrschenden »Legenden« oder Vorurteile über das Alter erforderlich, die etwa in den USA analog zu *sexism* und *racism* als *ageism* diskutiert werden. Nur so können sowohl für den Einzelnen als auch für die Gesellschaft die quantitativ gewonnenen Jahre auch qualitativ genutzt werden. Die »Legenden« und ihre Widerlegung sind im Textauszug zusammengefasst. Zum Schluss ihrer Empfehlungen machen die Autoren darauf aufmerksam, dass ihre eher interessen- oder nutzenorientierten Vorschläge für den Umgang mit den zunehmend gebrechlichen und hilfsbedürftigen alten Menschen eine zusätzliche ethische Dimension gewinnen: »Die Alterung der Bevölkerung erinnert daran, dass sozialer Zusammenhalt nicht allein auf Interessen gegründet sein kann, sondern grundsätzlich auch eine Frage von Solidarität und Moral ist.«[96] Beides, Nussbaums Liste für ein menschenwürdiges oder gutes Leben (auch) im Alter (Text 14) und der utilitaristische Ansatz der Akademiengruppe, ergänzen und stützen sich gegenseitig – dies wurde bereits in der alten Erzählung *Zwei alte Frauen* deutlich.

# Anhang

## Anmerkungen

1 Bovenschen (2009), S. 145
2 Vgl. Wallis (2010)
3 A. a. O., S. 59
4 A. a. O., S. 16
5 A. a. O., S. 25
6 A. a. O., S. 45
7 A. a. O., S. 105 f.
8 A. a. O., S. 110
9 A. a. O., S. 110
10 Gemeint ist das Jahr 2009
11 Kocka/Staudinger (2009), S. 13
12 A. a. O., S. 14
13 Vgl. Scherf (2007)
14 Vgl. Bauer (2006)
15 Vgl. Fukuzawa (1995)
16 Vgl. Schirrmacher (2006)
17 A. a. O., S. 132 f.
18 Vgl. Schmid (1998)
19 Mitscherlich (2010), S. 232 f.
20 Erikson (1973), S. 118 f.
21 A. a. O., S. 119
22 In: *stern* Nr. 35 vom 26.8.2010, S. 121
23 De Beauvoir (2008), S. 8
24 A. a. O., S. 47
25 A. a. O., S. 361
26 A. a. O., S. 378
27 A. a. O., S. 382
28 A. a. O., S. 407

29 Vgl. Lindau et alii (2007)
30 De Beauvoir (2008), S. 435
31 A. a. O., S. 450
32 A. a. O., S. 492
33 Gnostik: griech. *gnōsis*, »Erkenntnis«
34 Vgl. Jonas (1993)
35 A. a. O., S. 93
36 Bauman (1994), S. 12 f.
37 Swift (1981)
38 A. a. O., S. 299 f.
39 A. a. O., S. 305 f.
40 A. a. O., S. 308
41 A. a. O., S. 309
42 Jonas (1994), S. 100
43 A. a. O., S. 100
44 »vita brevis, ars longa«
45 »non accipimus brevem vitam, sed fecimus«
46 »non vita, sed tempus«
47 »non habent isti otium, sed iners negotium«
48 »non ille diu vixt sed diu fuit«
49 »recurrere ad se«
50 »secundam naturam vivere«
51 Vgl. Martens (2009)
52 Vgl. Baltes (1990), S. 170 f.
53 A. a. O., S. 180
54 A. a. O., S. 182 f.
55 Vgl. Mayer/Baltes (1996)
56 Vgl. Blasberg-Kuhnke u. a. (2007)
57 Vgl. »Einleitung«
58 Bobbio (1998), S. 24
59 A. a. O., S. 49
60 A. a. O., S. 36
61 Sauerländer (2010), S. 77
62 Bobbio, a. a. O., S. 54 ff.
63 A. a. O., S. 62
64 A. a. O., S. 67

65 A. a. O., S. 61
66 Platon (2004), Die Apologie des Sokrates, 42 ff.
67 Platon (2004), Phaidon, S. 65 und 160–165
68 Vgl. Martens (2004)
69 Nietzsche, *Die Fröhliche Wissenschaft*, § 340
70 *Essais*, Erstes Buch, 26. Kap.
71 *Essais*, Erstes Buch, 6. Kap.
72 *Essais*, Erstes Buch, 27. Kap.
73 *Essais*, Zweites Buch, 6. Kap.
74 *Essais*, Zweites Buch, 6. Kap.
75 *Essais*, Zweites Buch, 6. Kap.
76 Vgl. Birnbacher (2005)
77 *FAZ.NET* vom 16.9.2010
78 Camus (2010), S. 159
79 Vgl. »Einleitung«
80 Jaspers (1961), S. 21 f.
81 Vgl. Patzig (1971)
82 A. a. O., S. 93
83 A. a. O., S. 93
84 Sextus Empiricus, Adversus mathematicos, 10, 18
85 Vgl. Hadot (1991), S. 16 f.
86 Vgl. Schmid (1998), Achenbach (2001)
87 Jaspers (1961), S. 23
88 A. a. O., S. 23
89 A. a. O., S. 27
90 Nussbaum (1998), S. 209
91 A. a. O., S. 213
92 Kocka/Staudinger (2009), S. 16
93 A. a. O., S. 16
94 A. a. O., S. 34 f.
95 A. a. O., S. 31
96 A. a. O., S. 102

## Zitierte Literatur

Achenbach (2001): Gerd Achenbach, Lebenskönnerschaft. Freiburg i. Br.: Herder 2001

Baltes (1990): Paul B. Baltes, Weisheit als Expertenwissen. Lebenswissen und Altersintelligenz. In: H. Scheidgen/P. Strittmatter/W. W. Tack (Hg.), Information ist noch kein Wíssen. Weinheim: Beltz 1990, S. 169–186

Bauer (2006): Joachim Bauer, Prinzip Menschlichkeit. Warum wir von Natur aus kooperieren. Hamburg: Hoffmann und Campe 2006

Bauman (1994): Zygmunt Bauman, Tod, Unsterblichkeit und andere Lebensstrategien. Frankfurt/M.: Fischer Taschenbuch Verlag 1994

Birnbacher (2005): Dieter Birnbacher, Sterbehilfe – eine philosophische Sicht. In: Felix Thiele (Hg.), Aktive und passive Sterbehilfe. Medizinische, rechtswissenschaftliche und philosophische Aspekte. München: Fink 2005, S. 31–42

Blasberg-Kuhnke u. a. (2007): Martina Blasber-Kuhnke/Andreas Wittrahm (Hg.), Altern in Freiheit und Würde. Handbuch christlicher Altenarbeit. München: Kösel Verlag 2007

Bobbio (1998): Noberto Bobbio, Vom Alter – De senectute. Berlin: Klaus Wagenbach Verlag 1998

Bovenschen (2009): Silvia Bovenschen, Älter werden. Notizen. Frankfurt/M.: Fischer Taschenbuch Verlag 2009 (zuerst 2006)

Camus (2010): Albert Camus, Der Mythos des Sisyphos. 11. Aufl. Reinbek: Rowohlt 2010

De Beauvoir (2008): Simone de Beauvoir, Das Alter. Reinbek: Rowohlt 4. Aufl. 2008 (zuerst 1977, franz. 1970)

Erikson (1973): Erik H. Erikson, Identität und Lebenszyklus. Drei Aufsätze. Frankfurt/M.: Suhrkamp 1973

Fukuzawa (1995) Shichiro Fukuzawa, Narayama-bushiko. Schwierigkeiten beim Verständnis der Narayama-Lieder. Frauenfeld: Verlag im Waldgut 1998
Hadot (1991): Pierre Hadot, Philosophie als Lebensform. Geistige Übungen in der Antike. Berlin: Verlag Mathias Gatza 1991 (franz. 1981)
Jaspers (1961): Karl Jaspers, Einführung in die Philosophie. München: Piper 1961 (zuerst 1953)
Jonas (1993): Hans Jonas, Philosophie. Vorschau und Rückschau am Ende des Jahrhunderts. Frankfurt/M.: Suhrkamp 1993
Jonas (1994): Hans Jonas, Last und Segen der Sterblichkeit. In: Ders., Philosophische Untersuchungen und metaphysische Vermutungen. Frankfurt/M.: Suhrkamp 1994, S. 81–100
Kocka/Staudinger (2009): Jürgen Kocka/Ursula M. Staudinger (Hg.), Gewonnene Jahre. Empfehlungen der Akademiengruppe Altern in Deutschland. Stuttgart. Wissenschaftliche Verlagsgesellschaft 2009
Lindau et alii (2007): Stacy Tessler Lindau/L. Philip Schumm/ Edward O. Laumann/Wendy Levinson/Colm A. O'Muircheartaigh/Linda J. Waite, A Study of Sexuality and Health among Older Adults in the United States. In: New England Journal of Medicine 357, Nr. 8, 2007, S. 762–774
Martens (2004): Ekkehard Martens, Sokrates. Eine Einführung. Stuttgart: Reclam 2004
Martens (2009): Ekkehard Martens, Platon. Grundwissen Philosophie. Stuttgart: Reclam 2009
Mayer/Baltes (1996): Karl-Ulrich Mayer/Paul B. Baltes (Hg.), Die Berliner Altersstudie. Berlin: Akademie Verlag 1996
Mitscherlich (2010): Margarete Mitscherlich, Die Radikalität des Alters. Einsichten einer Psychoanalytikerin. Frankfurt/M.: S. Fischer 2010
Nussbaum (1998): Martha C. Nussbaum, Menschliches Tun und soziale Gerechtigkeit. In: Holmer Steinfath (Hg.), Was ist ein gutes Leben? Frankfurt/M.: Suhrkamp 1998, S. 196–234
Patzig (1971): Günther Patzig, Ethik ohne Metaphysik. Göttingen: Vandenhoeck & Ruprecht 1971

Sauerländer (2010): Willibald Sauerländer, Das Verschwinden des Alters. In: Friedrich Wilhelm Graf (Hg.), Über Glück und Unglück des Alters. München: Beck 2010, S. 41–82
Scherf (2007): Henning Scherf, Grau ist bunt. Was im Alter möglich ist. Freiburg i. Br.: Herder 2007 (zuerst 2006)
Schirrmacher (2006): Frank Schirrmacher, Das Methusalem-Komplott. München: Heyne Verlag 2006 (zuerst 2004)
Schmid (1998): Wilhelm Schmid, Philosophie der Lebenskunst. Eine Grundlegung. Frankfurt/M.: Suhrkamp 1998
Swift (1981): Jonathan Swift, Gullivers Reisen. Frankfurt/M.: Insel Verlag 1981
Wallis (2010): Velma Wallis, Zwei alte Frauen. Eine Legende von Verrat und Tapferkeit. München: Piper 2010 (zuerst 2004, amerik. 1993)

## Quellenverzeichnis der abgedruckten Texte

Simone de Beauvoir, Das Alter. Deutsche Übersetzung von Anjuta Aigner-Dünnwald und Ruth Henry. © 1972 by Rowohlt Verlag GmbH, Reinbek bei Hamburg, S. 363–364, 367–369

Noberto Bobbio, Vom Alter – De senectute. © Verlag Klaus Wagenbach, Berlin 1998, S. 31–33.

Cicero, Cato maior. In: Ders., Cato der Ältere über das Alter – Laelius über die Freundschaft. Herausgegeben von Max Faltner, mit einer Einführung und einem Register von Gerhard Fink. © 1993 Artemis & Winkler Verlag, Düsseldorf, S. 23 ff., 27, 29–33, 37, 43–53, 57–63

Epikur, Wege zum Glück. Herausgegeben und übersetzt von Rainer Nickel, © Artemis & Winkler Verlag, Düsseldorf, S. 223–235

Epiktet, Anleitung zum glücklichen Leben – Encheiridion (Handbuch der Moral). Herausgegeben und übersetzt von Rainer Nickel. © 2006 Artemis & Winkler Verlag, Düsseldorf, S. 9–17

Hans Jonas, Philosophische Untersuchungen und metaphysische Vermutungen, ST 2279. © 1994 Suhrkamp Verlag, S. 95–99

Hans Küng, Menschenwürdig sterben. In: Walter Jens/Hans Küng: Menschenwürdig sterben. © 1995 Piper Verlag GmbH, München, S. 59 f.

Jürgen Kocka/Ursula M. Staudinger (Hg.), Gewonnene Jahre. Empfehlungen der Akademiengruppe Altern in Deutschland. Altern in Deutschland Bd. 9. Nova Acta Leopoldina NF Bd. 107, Nr. 371, 2. Aufl. 2010, S. 25–29. Mit freundlicher Genehmigung der deutschen Akademie der Naturforscher Leopoldina – Nationale Akademie der Wissenschaften

Michel de Montaigne, Essais. Erste Moderne Gesamtübersetzung

von Hans Stilett. © Eichborn AG, Frankfurt am Main, August 1998
Martha Nussbaum, Die Grenzen der Gerechtigkeit. Behinderung, Nationalität und Zugehörigkeit. © 2010 Suhrkamp Verlag, Frankfurt am Main, S. 110–115
Günther Patzig, Menschliches Leben ist in sich sinnvoll. In: Ders., Bemerkungen zur Philosophie an der Oberstufe der Gymnasien (Zeitschrift für Didaktik der Philosophie; 3/1980, S. 129–131). Hannover: Siebert Verlag 1980
Fernando Pessoa, Das Buch der Unruhe des Hilfsbuchhalters Bernardo Soares. Aus dem Portugiesischen übersetzt und revidiert von Inés Koebel. © Ammann Verlag & Co., Zürich 2003, S. 292 f. Alle Rechte vorbehalten S. Fischer Verlag GmbH, Frankfurt am Main
Platon, Die Apologie des Sokrates. In: Ders., Apologie, Kriton Phaidon. Übersetzt von Rudolf Rufener, mit einer Einführung und Literaturhinweisen von Thomas Alexander Szlezák. © 2004 Artemis & Winkler Verlag, Düsseldorf, S. 42 ff.
Platon, Phaidon. In: Ders., Apologie, Kriton Phaidon. Übersetzt von Rudolf Rufener, mit einer Einführung und Literaturhinweisen von Thomas Alexander Szlezák. © 2004 Artemis & Winkler Verlag, Düsseldorf, S. 65 und 160–165
Platon, Der Staat – Politeia. Übersetzt von Rüdiger Rufener, Einführung, Erläuterung, Inhaltsübersicht und Literaturhinweise von Thomas Alexander Szlezák. © 2000 Artemis & Winkler Verlag, Düsseldorf S.11–21
Seneca, De brevitate vitae – Die Kürze des Lebens. In: Ders., Schriften zur Ethik. Die kleinen Dialoge. Herausgegeben und übersetzt von Gerhard Fink, © 2008 Artemis & Winkler Verlag, Düsseldorf, S. 553–561